XIANSHENG
ZHI
DEFENG

檀传宝 / 著

先生之德风

北京师范大学出版集团
BEIJING NORMAL UNIVERSITY PUBLISHING GROUP
北京师范大学出版社

丰满、直抵人心。本书的上篇共 13 篇文章，均是我教育人物随笔的得意之作。几乎所有的作品都在不同的杂志上公开发表，也被一些微信公众号反复推送，得到过许多读者朋友的热情鼓励。

本书的下篇，我选取了与上篇相关的教育大家（诺丁斯、鲁洁、黄济）思想研究的学术性作品 6 篇（一些作品也兼有一定生动性）。这样做的目的，是想对于希望深入了解、研究这三位教育学家思想的读者有所帮助。于我个人而言，在那 6 篇文章中，我实际上以自主建构的方式重温了先生们的教导，收获甚丰。我虽只随缘研究了三位，但是可以抛砖引玉。我相信，有兴趣的读者未来一定会研究更多、发现更多、收获更多。

我最初曾经计划将本书命名为《先生之风》。但是一搜索，发现以此命名的文学、影视作品甚多，我自己也发表过同名的单篇随笔（本书第 4 篇），于是只好另辟蹊径取了《先生之德风》这个名字。《论语》有云"君子之德风"。本书所有作品都是宣扬大先生的人格、学问之"大"的，所以"先生之德风"的书名，最为贴切。当然，"先生之德风"的另外一个重要意味，当然就是本书希望能够对那些见贤思齐、有志成为大先生的读者们提供可以效仿的榜样了。

蒙出版社不弃，《先生之德风》得以出版。我一方面对出版社的大力支持心存感激，另一方面也坚信这些充满灵性的文字一定会因为更广泛的交流而产生更大的教育意义。

檀传宝

2022 年 1 月 11 日

于京师园三乐居

目 录 Contents

上篇／先生们的故事

诺丁斯教授在八达岭长城（2011 年）

01 子诺子言
——诺丁斯教授北京行纪①

一、引子

2011 年 12 月 6 日至 10 日，冬季的北京在浓雾消散之后迎来了几天晴空万里的好日子。当代著名教育家、思想家之一，关怀伦理、关怀教育理论的创立者之一，美国斯坦福大学、哥伦比亚大学教授，内尔·诺丁斯（Nel Noddings）访问北京。鉴于诺丁斯教授在哲学、伦理学、教育学、社会学以及女性研究等领域广泛的国际影响，我以为，诺丁斯教授来访的意义堪比 1919 年约翰·杜威的中国之旅。她的来访不仅是中国教育界的一件大事，也是中国当代学术史、文化史上的重大事件。

十分可惜的是，由于本人的懒惰、不愿"做大"（造势）的行事风格，也由于传媒缺乏应有的敏感性，内尔的北京之行基本上是"悄悄地回，正如她悄悄地来"，没有它应该有的历史记录。

亡羊补牢，未为晚也。作为诺丁斯教授北京之行的邀请者和陪伴者，笔者郑重写下这篇行纪，聊解内心的歉疚，也与有缘人分享数日京城从游于大师的喜悦。

---

① 注：本文已见刊于《人民教育》2012 年第 2 期。

机口，再加上9月底刚刚痛失长子，她实在无法打起精神访问中国了！我虽失望之极，但也只好表示理解，等待更合适的机遇。

一个月后，我再次发出邀请，并通过好朋友、在美国南伊利诺伊大学任教的于天龙博士（内尔曾是天龙教育博士论文委员会，即"dissertation committee"的成员之一）参与游说，终于再次说动了内尔，她确定于12月5日至10日访问北京师范大学。

12月4日，雾锁京城，许多航班停飞。为了及时了解航班信息，我几乎在电脑面前刷屏了一整天。就在我为了筹备去机场迎接内尔的细节、查阅电子邮件的时候，却蓦然发现"最后一刻"的悲剧似乎又要重演了！——以"我不知如何对你说"开始，内尔在电子邮件里解释说，她所乘坐的航班（"大陆航空—联合航空"联航）糟糕透顶。从纽约起飞抵达芝加哥转机时，由于两家航空公司的衔接出了问题，她被无端告知：到北京的航班取消

了！4日晚至5日凌晨（纽约当地时间上午），我一再尝试打电话到内尔的家，终于打通。接电话的是内尔的先生吉姆（James Arthur Noddings，昵称Jim）。虽然未曾谋面，我仍然能够感受到电话那边的吉姆是一个典型的美国人，声若洪钟、十分豪爽。我说，吉姆，接到您的电话，是否意味着你们已经决定取消北京之行了？吉姆回答说，我想是的。强忍着强烈的失望情绪，我试着做最后的努力说：我理解你们现在一定很疲惫，但是，您知道吗，海报早已贴出去了，北京有太多的人在等着诺丁斯教授……而且吉姆，您自己不是也想看看长城吗？你们为什么不试一试，重新订票？吉姆笑了笑，同情地说他可以试着去和内尔商量商量，然后看看能否买到合适的机票。一刻钟后，吉姆居然朗声回电说，大陆航空告诉他们，还剩2张当天纽约直飞北京的机票，他们会马上出发去机场！

6日下午4点多，当我和温婉的内尔、高

大的吉姆在首都机场拥抱在一起的时候，我和一同前去迎接的博士生刘华杰都不禁有些手忙脚乱了——因为我们几乎都不敢相信这是真的：飞越万水千山，诺丁斯教授真的已经微笑着抵达北京了！

三、关怀伦理的言说

在北京，内尔的主要活动有 4 项：12 月 7 日下午，在北京师范大学英东教育楼 318 室与北京师范大学公民与道德教育研究中心研究生的非公开座谈（主题"21 世纪的教育'Education in the 21st Century'"）；8 日上午，在教育科学出版社出席《诺丁斯文集》出版座谈会并发表即席演说；9 日上午，在英东学术会堂演讲厅作为北京市"德育专家大讲堂"的主讲人面向全市中小学教师演讲"道德教育与关怀伦理（Moral Education and Care Ethics）"；10 日上午，作为"国际教育前沿系列讲座"的嘉宾之一面向北京师范大学教育学部师生演讲"关怀伦理的语言（The Language of Care Ethics）"。可以说，每一场演说都是妙语连珠、发人深省、精彩之极。对我来说，至少有以下 3 个方面的教诲让我受益匪浅。

1. 关系、同情与关怀

对于关怀伦理学或者女性伦理学来说，"关系"（relation）或者"关怀性关系"（caring relation）是最最重要的关键词。内尔在京期间的所有演讲都几乎一致强调了这一核心概念的至关重要性。

内尔强调：只有注意、关切、接纳对象及其需要，"关怀者"（the carer）才能有真实的感受、动机，并找到关怀对方的切实方式；而"被关怀者"（the cared-for）的贡献也十分重要，因为只有他做出适当反应表明他切实感受和得到了关怀时，真正意义上的"关怀"

才能成立——"就像婴儿用停止啼哭来证实母亲的关心、学生对特定问题的嗷嗷待哺确证了教师对他的鼓励、患者用渐渐放松的呼吸来回应医护人员的关照那样"。一句话，只有在"关系"之中才有所谓"关怀"。诺丁斯也由此来明晰区分关系型关怀与传统的美德意义上的关怀——"我们关注的是'关怀性关系'，而非只是'仁慈的美德'。当由于种种原因'关怀'不被被关怀者感受或接纳的时候，关怀伦理要求我们赶紧去做别的尝试，直到关怀关系成立。而美德伦理只是强调道德主体的个人参与、关怀者的德性品质，等等。""被关怀者的反应如此重要，它不仅确认了关怀的存在，而且会进一步深化、拓展关怀关系，因而成为关怀关系持续发展的重要基石！"

虽然内尔承认伦理性关怀不同于自然性关怀，但是她仍然坚持出于爱的倾向的自然之爱的重要性。"按照康德的说法，妇女有天然的善和爱的倾向，但是她们可能缺乏真正德

行所需要的道德推理能力。"内尔的反应是："虽然关怀往往需要精明的推理，但它更需要基于移情（empathy）、同情（sympathy）等情感以形塑对于需要帮助者的关怀动机！"由此，内尔特别强调"移情"及其教育的重要性。当然，内尔特别强调：关怀伦理强调的移情不同于一般意义上的同情——它不仅仅是对他人的理解，而是对他人的"感同身受（feeling with）"或者"读懂"（reading of）他人。也就是说，移情是对他人最深切的"理解＋感受"。

鉴于在日常生活中我们只倾向于对于"我们（自己人）"产生同情，而不容易产生对于他者的同情，所以内尔特别强调教育工作者最重要的努力方向之一应当是：通过批判性思考帮助孩子们打开自己的心扉，发展更加超越自我的同情心或者"关系性同情"。内尔举例说：当一个孩子对老爷爷说了大不敬的话之后，传统上妈妈总是会教育这个孩子说："想想看如果别人这样对你，你会有什么感

觉？"内尔建议改成这样的互动："孩子，你那样说话，你觉得此刻爷爷的感受会是什么样子呢？"

可以说，正是基于"关系"的思考，使得内尔坚定地认为：聆听、关切他人的感受而非仅仅聚焦于自己，对于形成关怀、同情的品质都是至关重要的——而且，内尔进一步认为"关系性同情对于国家事务、全球事务将变得越来越重要"。

2. 大地、合作与和平

内尔·诺丁斯是一个关怀伦理和关怀教育的理论家，而且她的理论思考本身也具有强烈的"关怀"特质。这一点几乎可以在她的所有言行中得到确证。令我印象深刻的是她对大地、合作、和平三个概念的独特解释。

在与研究生的座谈以及在教育科学出版社的发言中，内尔都一再强调，她喜欢用"大地"（earth）而非"世界"（world）这个词去表达我们生活的这个星球——你瞧：大地是什么？它是土地、是万物生长的地方。最为关键的是，它是我们的"家"！而"世界"则是由一大堆国家这样的东西组成的一个空间而已，它充满政治、危险，而不是安全与温馨。

由此，她特别告诫她的听众："千万别学美国——什么都要争世界第一！"因为当每一个国家都去拼命追求所谓"世界第一"的时候，恶性竞争就会远远大于良好合作的可能，战争就会比和平的力量更大。内尔特别强调，21世纪的教育要特别注意三大最重要的主题：合作重于竞争（cooperation over competition）、批判性思维（critical thinking）和创新（creativity）。其中，通过教育培育合作与良性竞争的精神是内尔最为关心的主题。因为这一主题既与世界和平有关，也与每一个个体的学习与生活幸福紧密相连。只有每一个人都有机会按照自己的真正兴趣、特长等去学习、去生活，而非简单、生硬地与他人做比较的时候，我们才可能获得最合乎人性的和谐发展。由此，她特别反对对所有的孩子都进行千篇一律的、"对孩子有用"的教育。虽然内尔曾经在小学和中学工作长达17年，虽然她曾经是一个能够特别生活化地进行教学、深受孩子们爱戴的数学老师，但是她仍然坚定地宣称："什么几何啊、代数啊，大部分的数学知识，孩子们未来的日常生活都不一定能用得着。因此，用不着非得逼迫所有的孩子都学好那么多'有用'的数学！"

"千万别学美国——什么都要争世界第一！"不仅是内尔一个人的忠告，而且是内尔夫妇的高度共识。记得在教育科学出版社的午餐桌上，吉姆居然对我开玩笑说："教授，这些菜都美味极了！——我想，它们一定都是加利福尼亚出产的！"

12月6日下午刚刚抵达宾馆的时候，内尔就送给了我她的最新作品《和平教育——如何让我们学会相爱、拒绝战争》(Peace Education: How We Come to Love and Hate War)。我想，那一定是她基于关系、关怀理念而对于世界和平与和平教育的最好建议。

3. 对幸福的诠释

教育科学出版社日前合集出版的《诺丁斯文集》已经收录了《学会关心——教育的另一种模式》《始于家庭——关怀与社会政策》及《幸福与教育》3本著作。其中《幸福与教育》是龙宝新博士随我读博期间应我的要求所译，虽然译文不免生涩，但却引起了社会较为广泛的关注。友人曾经对这本书发行量迅速攀升颇感困惑。但对我来说，一点都不奇怪。一方面，幸福追问作为最重要、最终极的教育目的的探寻，较易引起许多人的共鸣，这是十分自然的事情；另一方面，则在于诺丁斯教授本人基于关怀伦理对于幸福及其教育意义和教育实现所作的深刻而又生动的诠释，对读者来说有思想与生活的双重吸引。

在教育科学出版社回答记者有关提问时，内尔的诸多解释则立体展示了她对幸福主题充满灵性、睿智的通透思考。

有记者问：诺丁斯教授，您一生写了18本著作，一定很辛苦，一定克服了许多困难、忍受了许多常人所不能忍受的痛苦。请问，您是如何战胜这些困难的？

内尔的回答比记者的提问要言简意赅得多。她只是莞尔一笑，然后轻轻地说："写作于我来说是一种享受（I enjoyed my writing）！"

当记者没有听懂诺丁斯教授的回答，继续在这一问题上纠缠时，本来坐在较远处的吉姆走过来坐到内尔身边，然后笑着插话道："内尔写作的时候喜欢放背景音乐……所以反过来，当我们家里人听见内尔房间里响起背景音乐的时候，我们都知道是该保持安静的时候了！"也就是说，写作或者劳作其实是内尔幸福生活的一部分，而非相反。

另外一个记者问：什么是幸福？或者说，对您来说什么是幸福？

内尔回答说：幸福的解释很多，很难下一个大家都认可的定义。对我个人而言，幸福意味着以下几个要素——第一，幸福意味着良好的人际关系。我有很好的婚姻，吉姆和孩子们都很爱我。我还有很好的邻居关系、同事关系，我有许多好朋友，如此等等。生活在良好的人际关系之中，对每一个人都十分重要！第二，事业上的成功。这无须赘言，但十分重要。第三，有时间看自己喜欢看的书。第四，我还在闲暇时间做点园艺，在海边（内尔现在的家在新泽西的海滨）散步，看太阳升起和落下……内尔坚定地宣称：我是一个女权主义者。但是我同时愿意为家人准备最好的晚餐，将家布置得温馨、漂亮，我也是一个"小女人"！

我曾经在自己的一个小册子里将幸福定义为"人的目的性自由实现的一种主体生存状

态"①，内尔的解释自然引起了我强烈的认同。同时，我还在边听边想，第三点可否与第四点合并呢？合并起来似乎逻辑上更整齐，但是一定也有巨大的遗憾。因为"看自己喜欢看的书"，如此简单，又如此难得，对于一个人健全、和谐的生活又是如此的重要，且这一重要性不仅是对于知识分子的，而且是对每一个全面发展的人的！内尔特别单列这一条作为幸福生活的要素，也许是因为她十分清楚地知道，现实中许多人的遭遇是被异化的阅读任务所困，而非享受自由人文旅行的幸福。那一刻，我有一个十分强烈的感受：作为一个关怀伦理、关怀教育的理论大师，内尔是在向我们"展现"而非仅仅"言说"关怀、幸福等重要的人类生活主题。

---

① 檀传宝：《教师伦理学专题》，28 页，北京，北京师范大学出版社，2000。

四、知行合一的人师

我认为在当代伦理思想家中有两个人在知行合一上堪称楷模。一个是《敬畏生命（*Reverence for life*）》的作者阿尔伯特·史怀泽（Albert Schweitzer，1875—1965，又译施韦泽），另一个就是《关怀：女性伦理与道德教育》（*Caring: A Feminine Approach to Ethics and Moral Education*）的作者内尔·诺丁斯。拥有哲学、神学和医学三个博士学位的史怀泽不仅在理论上从生命的神圣性出发唤起人们对于所有生命的敬畏之心，而且从 30 岁开始就"听从上帝的召唤"在中部非洲工作，为最穷困的人们奉献了一生。而内尔·诺丁斯，不仅是一个从伦理学、心理学、教育学、社会学等角度提出和不断完善她的关怀伦理、关怀教育理论的哲人，而且和史怀泽一样彻底将关怀伦理贯彻到了自己日常生活的每一个细节中。比如她的 10 个儿女中，就有多达

5 个人是收养的，这在斯坦福校园和全世界所有知道诺丁斯的地方都一直为大家津津乐道。北京之行的许多生活细节也生动地诠释着她的关怀伦理。

除了年事已高，邀请内尔的另外一个困难是我的朋友于天龙博士对我透露的：诺丁斯教授与老伴超过 60 年的相濡以沫，使得她在国际旅行时往往希望丈夫吉姆能够陪伴左右。果然，当诺丁斯教授答应来北京时，她就十分不安地问我，能不能允许她买两张经济舱（和吉姆一起来）而非一张头等舱（只邀请她一个人）？而且她还解释说，实际上两张经济舱的价格比一张头等舱还要便宜。我马上同意了她的提议，然后在取得有关领导的支持后请内尔买两张公务舱机票来京——因为毕竟她和吉姆都是年逾八十的老人，即便我们财政上再紧张，也该让她在 13 小时的不间断飞行中稍微舒适一些！内尔很快回复，除了表示感谢之外，在邮件里说得最多的是公务舱

"出奇得贵"（They are horribly expensive），她说将让吉姆尽可能找到有折扣的机票——其结果是买联程机票，到芝加哥转机而航班被无端取消！这一点反使我由衷惭愧——2010 年年底英国伦敦大学（因为伦敦大学—北师大联合举办的教育论坛）邀请我去做有关公民教育的主题演讲，对方给我买头等舱往返机票的时候，我只是感受到了巨大荣誉。

在北京的三场演讲中，诺丁斯教授都一直坚持站着与听众交流。尤其是第一场与研究生的 3 小时的交流活动中，当内尔站着讲了一个多小时之后，我曾经冒昧打断她，提请她可以坐着讲，但是马上被坚决拒绝。我小声问为什么？内尔的回答极其简单、有力："因为我是老师（Because I am a teacher）！"是啊，我也是一个老师，而且同为教育学的研究者，我们当然都知道站着就意味着更高的交流与教育的效益。作为一个比内尔年轻 30 多岁的人，年近半百的我都常常在长时间的

演讲中备感疲惫，我是多么地希望这个耄耋老人能够稍微节省一些体力啊！但在那个时刻，我只能和我的学生们一起报以最热烈的掌声，以表达我们最真诚的敬意。

到最后一场演讲了。内尔特别关照了在接待她的全程中担任总协调角色的博士研究生郭冰——一个她孙女辈分的小女生。她拿出自己从美国带来的最新的著作《和平教育》郑重签名后作为礼品送给了郭冰。当她从所住酒店离开，得知郭冰不能陪她去机场的时候，我想她内心一定有些许不舍。因为在路上，她突然十分认真地对我说："郭冰是一个非常漂亮、善良、聪明、能干的好孩子！"

实际上，内尔·诺丁斯关心每一个进入她视野的人。就像她在演讲中举例解释"关系"与"关怀"的关联时所说的："关系与关切、关怀连在一起。比如在来演讲的路上，许多人和我打招呼，我知道他们都是远道来听我演讲的，他们与我就建立了特定的'关系'——而这个关系也意味着'关切''关怀'……"她的关怀阐释当然十分精彩、珍贵，但是我以为最为重要的，也许应该是她在用自己的生活实践去阐释她所倡导的价值观。用自身生活去阐释的价值观就不仅是一种学术，而且同时是一种最伟大的信仰！

五、再见，内尔！

有朋自远方来，不亦乐乎？5天的时间转瞬即逝，离别几乎与欢迎处在同一个时刻。10日下午，我和研究生柴亚红一起将内尔和吉姆送达机场。在检票口，我们伫立许久，直到看不到相互依傍、踽踽而行的两位老人的身影。

一天后，我收到了内尔老朋友般报平安的电子邮件——

诺丁斯教授与本书作者（2011 年）

Dear Chuanbao,

Just to let you know that we had a good flight and are now safely at home. Our visit in Beijing was wonderful, and we both thank you for the gracious hospitality. I do hope to see you again sometime in the not too distant future.

With kindest regards,

Nel

邮件大意如下：

亲爱的传宝：我们旅程顺利，已平安回家。北京之行十分美好，我们俩都对你的盛情接待表示谢意。真的希望在不久的将来，我们能够再相见。内尔。（编辑译）

在送走内尔，讨论关于接待她的遗憾的时候，一个友人曾经对我直言：毫无疑问，你个人完全对得起诺丁斯。但是由于你没有能够成功地引起中国学术界、新闻界的更广泛的关注，作为知识分子的你没有担负起你应承担的社会责任！我想，在一定意义上说，这一批评是对的。但是我也一再反问过我自己：如果我以商业、炒作的方式盛大欢迎诺丁斯教授，那个我还是本来的我吗？更为重要的是，以诺丁斯教授为人平和、沉静与超越的风格，如果我们以那样的方式接待她，真的是对大师更大的尊重吗？

无论如何，承蒙许多人的支持，我想我已经完成了自己学术生涯中一次最重要的任务，也实际促成了中国当代教育史、学术史和文化史上的一个重大事件——我们从学术和教育的角度纯粹而真诚地接待了诺丁斯教授的第一次北京之旅。桃李不言，下自成蹊。我坚信，诺丁斯在北京的所有言说都一定会对中国的教育、学术与社会发展发挥历久弥深的实质性影响。

2011 年 12 月 20—24 日，于京师园三乐居。

补记:

01　2016 年 11 月 29 日,作者在访美期间再次拜访了独居于新泽西海滨的内尔·诺丁斯教授(内尔的先生吉姆已经于 2012 年去世)。一个上午的聊天中,内尔再次肯定"关怀是一种关系,而非一种美德"的命题,认为关怀概念与儒家的"仁"有相通之处。离开之前,作为关怀理论大师的内尔曾经感叹道,她现在最大的问题是:一个人住在一个大房子里……

2022 年 8 月 25 日,内尔·诺丁斯于佛罗里达逝世,享年 93 岁。

02　受诺丁斯教授谈话启发,本书作者后来曾展开过孔子"仁"与诺丁斯"关怀"概念的比较研究。论文发表于《教育研究》2019 年第 2 期,并收入本书下篇(第 2 篇)。

鲁洁教授在孩子们中间（2005 年）

02　严慈相济的教育艺术
——记我的导师鲁洁教授①

和其他鲁门弟子的感受一样，我一直认为，能够成为鲁洁教授的学生是我终生的荣幸。博士阶段师从导师三年，我不仅取得了许多学术上的进步，更难得的是获得了体验真正的"严慈相济"的教育艺术的绝好机缘。

几乎所有的鲁门弟子都"怕"老师。但这种"怕"首先不是因为老师的严厉，而是因为老师对我们的慈爱。

老师的这种慈爱并不是抽象的话语，而是真诚、具体的行动。比如中秋节到了，常常不是我们去看望老师，而是老师拎着一盒月饼拾级而上，来我们的南山宿舍楼，嘱咐我们别想家——那个时刻，可以说是整个研究生楼的"邻居"们都"眼馋"我们的光景。又比如常常因为我们"帮"老师做了某个事情之类的"原因"，老师一定会请我们到附近的小酒家去小聚一餐。除改善伙食之外，最大的好处在于那种场合是我们可以完全放松的地方——我们尽情上演不同的"节目"，师生之间、同学之间常常是前仰后合，不亦乐乎。

类似的例子不胜枚举。比如老师从加拿大访问归来，就曾经在我的掌心放过几枚带枫

① 注：本文原刊于《中国教师》2003 年第 4 期，后又收录于《静水深流见气象——鲁洁先生的教育思想与教育情怀》（教育科学出版社，2010）一书。

鲁洁教授已于 2020 年 12 月 25 日离世。

叶图案的硬币，说是给我小儿的礼物。一位师兄和妻子一段时间闹了别扭，老师从香港讲学回来时曾经带给他一个精美的女用钱包，嘱咐带给他的爱人。老师母亲一样的爱总是那样具体、细密，关切、指点、鼓励，一切都在不言之中！

老师的慈爱就像她春日阳光一样的微笑，让我们日日如沐春风。但正因为如此，每当发现老师的微笑偶或淡却或者蓦然消失的时候，我们的第一念头就是赶紧检查自己错在哪里——从为人到治学。

老师对待我们又是严格的。那是一种"一丝不苟"的严格。有两件事情令我终生难忘。一是我个人的故事，另一个则涉及我的一位师兄。

那是我刚到南京师范大学读博士第一个月的一个周末。我于周五下午外出到南京对岸的和县访友，周一早上按时回校。因为是周末，当然也就没有请假。但是一回宿舍，桌上就放着老师在周末用信封装好的一张"便条"。便条上面写着：

檀传宝：今天找你。了解你已于昨天外出未归。也许因为你是新生，不了解学校的有关规定。希望今后再遇类似情况必须向班主任办理请假手续。这一方面是为了保证学习，另一方面也是为了学校对于你们的安全等负有责任。鲁洁，10 月 15 日。

打开信封后的我，当时一下子震撼了。三年之中，我再没有干过类似"擦边球"的事情。转眼十年过去了，我也一直保留着老师的那张"便条"，作为永远的鞭策与纪念。

我的一位比我年长十岁，在职攻读博士学位的师兄，当时已经是一所高校的常务副校长。在校学习那一年放寒假的前一天，我们一起到老师家请假回家，当时说是"明天回去"。但是师兄买的船票实际上却是当天晚

鲁洁教授与本书作者（2019年）

上的。傍晚的时候，老师电话找师兄有事，听（接电话的外系同学）说买的是当晚的船票，只是对师兄轻轻说了一句："你不是说明天走的吗？"就挂断了电话。于是我的这位已过不惑之年的师兄马上毫不含糊地骑车去码头，退了当晚的船票，再买了另外一张第二天的！

因为老师的慈爱，我们"怕"老师。因为老师的严格，我们更爱老师。虽然老师的教育艺术远不止"严慈相济"一个内涵。但是仅仅这一条，也是我们这些今天也开始为人导师的人可以终身受益的一大教育"秘笈"！

黄济先生为研究生讲授《易经》（2004年）

03　仁者黄济先生（外二篇）①

黄济教授是我的恩师。能从黄先生处学教育是我一生的荣幸。

我是在 1991 年秋上研究生的时候，在成有信教授主持的教育学原理课上第一次正式见到黄先生（校园路上常常遇到蹬三轮的黄教授当不算"正式"见到）的。当时成老师的课给我的印象十分深刻，改变了我对教育学的刻板印象，也改变了我人生奋斗的航向（从上这门课开始，我决定备考教育学博士研究生）。其中主要原因有二：一是成老师本人严谨、深邃的思维吸引了我；另外一个很重要的原因是他的这门课将黄济、王策三、孙喜亭以及心理系的冯忠良教授等教育学大家统统组合进来——常常是每人一讲，大师们毕生学术深入浅出于三小时之间，令人受益匪浅。正因为如此，此后我一直认为这种组合型的课程组织是研究生课程最应该提倡的形式！黄老师当时给人的印象除了他强烈而真诚的马克思主义色彩的教育哲学思想之外，大概就是他浓重的胶东口音、随和的讲授风格和一丝不苟的中山装。许多同学听不懂，一些同学则私下模仿老师的口音以为玩笑。我属

① 注：本文原为黄济先生口述史而作，2010 年收入北京师范大学教育学部《知者不惑、仁者无忧——恭贺黄济教授九十华诞图文集》。

黄济先生已经于 2015 年 1 月 8 日在京逝世。

少数听得懂，且对模仿口音者十分不以为然的幸运儿之一。

1993年我提前攻博，去南京师范大学师从鲁洁教授。当时考博的专业科目之一是教育哲学，老师的《教育哲学》是我最重要的复习参考书。1996年6月初，黄老师作为答辩委员莅临我的博士答辩会。我自告奋勇去南京火车站举牌迎接老师。当我接到先生的时候，慈祥地微笑着的黄老师的第一句话就是："怎么样，博士毕业还回去，如何？"这实际上是我后来坚定回母校从先生做博士后的动力之一。

1996年7月，我如愿回到北京师范大学，成为黄先生指导下的博士后（当年全国每年只有一个教育学博士后指标），一直到1998年夏天出站。博士后的两年，我是在极其轻松愉快的气氛中度过的。因为黄老师对我除了呵护、指点之外，几乎没有任何约束！虽然先生笃信马克思，但是却从不在学术自由上打半点折扣。选题是我自己选的（"信仰教育与道德教育关系研究"①），老师也完全认可我研究框架的设计。博士后报告初稿完成后送呈先生审阅，先生的"批改"形式更是令我震撼——所有的改动建议都是用铅笔在空白处完成的——老师对我解释说："如果改得不妥，尽管擦去；不用改动的稿子还可以直接投稿去！"我之所以极为震撼，一是因为老师的真诚和极致的谦逊，二是恩师对穷学生的细致关照——对当时收入极低的我来说，也许的确如老师设身处地所设想的那样，省点稿纸钱也是好的！

1998年博士后出站、留校后我很快担任了北京师范大学教育系教育学教研室主任（过去黄老师也曾担任过这一职务），成为老师戏称的他的"领导"。当时我的工作难点之一是

---

①　本研究后来曾经获得过中国博士后基金的资助（1997），研究报告（《信仰教育与道德教育》，教育科学出版社，1998）出版后曾经获得过中国高校人文社会科学优秀成果一等奖（2003）。　　——本文作者注。

全教研室几乎我最年轻、资历最浅，开一次教研室的会议也许需要打两小时电话——先是和各位前辈协调时间，后是将协调好的时间再打电话通知回去。但是黄先生、王策三教授、成有信教授等恩师几乎全都是微笑着随时准备帮助我的样子。所以虽然礼数要讲，但一些同事私下告诫我所说的老教研室的"复杂"我完全没有遇到过。也许是经历了"文化大革命"中的恩恩怨怨之后，大家都已经自觉地把宝贵精力放到专业发展、学术队伍建设上了，但是最主要的原因应是前辈们的高尚、儒雅的道德风范。

在我担任教研室工作的两年多时间里，最令我感动的是两件事。一件是退休后的王策三教授一次在路上关心地问到教育学原理的全国学科排名（华东师范大学一度超过曾经排名第一的我们）。他认真地交待说：我们要努力，但不必着急。因为"假如我们也不错，而人家比我们更好，整个中国多一个比我们更好的教育学原理队伍，有什么不好？"另外一件就是黄先生组织编撰《小学教育学》一事。《小学教育学》本是人民教育出版社约请黄济先生领衔为当时全国中等师范学校主编的教育学教材（后来黄老师坚持署黄济、劳凯声、檀传宝主编）。我作为先生的助手近距离见证了这本著作组织编撰的全过程。教材编撰启动于1998年秋，1999年公开出版。其间年事已高的黄老师不仅亲自谋划教材的篇章结构，到中等师范学校实地考察了解旧教材及其使用中存在的问题，亲自撰写了前言、第一章，而且完全负责地进行了全书的统稿、修改工作。虽然作者多是他的学生，工作效率极高，但是老师付出的心血显然是作者中最多的。后来稿费来了，老师一次次最为坚持的原则居然是完全按照章节分配——这样他作为主编的贡献在稿费分配时就显然被他自己执意埋没掉了！我曾经反复和先生说明，我们现在收入都比已经离休的他要高很多，

黄济先生与本书作者（1996 年）

且如此分配实在不符合按劳分配的原则，但是先生却一直不为所动。也许先生仍然在身教我们这些学生礼让的古风！由于先生的努力，这本教材在许多方面都有革新，在教育学教材建设上取得了非常好的成绩。教材先叫《中师教育学》，后来改称《小学教育学》，2006 年又修订过一次，现在仍然是全国各师范院校小学教育专业首选的教育学教材。

如从 1991 年算起，师从先生已历 18 年矣。先生的学问、人生智慧对作为弟子的我都是泽被良多。如果有人问，北师大黄济先生最主要的形象是什么？或者说黄老师对我等弟子最大的影响是什么？我愿意说，黄先生是一个当代中国社会十分难得的仁者，先生身教、言传于我之最主要者也正是努力成为一个爱人的"仁者"！唯其仁，所以能包容、宽恕，可以笑对所有的挫折、侵犯，同时随时准备出手帮助所有需要帮助的人；唯其仁，所以能素朴、真诚、谦逊，能够对所有人说自己"没什么学问"（老师常说的话），但至耄耋之年仍孜孜不倦于教育学术的耕耘！

记得博士毕业离开南京师范大学前，导师鲁洁教授和我聊及黄先生时曾说过一句令我动容的话——"谁如果和黄老师这样的人都处不好，一定是这个人本身有问题！"作为黄先生的同辈人、鲁老师的如此评价，当是我以上个人感受的一个最好的确证。

地生仁者，天必寿之。先生今年已届 88 高龄，我一直在心底祝愿老师不仅"仁者寿"而且"仁者乐"，拥有一个大仁、大智者所配享的幸福晚年！

2009 年 8 月 20 日，于日本鸣门。

外一篇：黄济先生的俭德①

黄济先生一直以"一曰勤，二曰俭，三曰不敢为天下先"为座右铭。

先生一生勤勉，最后可以说是牺牲在工作岗位上——94岁高龄的黄先生不仅老骥伏枥、笔耕不止，他的溘然离世竟是因为希望改进睡眠质量、提高写作效率而多食了一些安眠药，因而在如厕时瞌睡导致颈部骨折，进而住院牵引、导致并发症而最终仙逝的……先生之"勤"德，自不待言。黄先生一生谦逊，虽在教育哲学、道德教育、国学教育等领域建树良多，但却常常在大庭广众之下公开宣称自己"没什么学问"，"不敢为天下先"更是他最突出的人格特征之一。而先生的"俭"德，却常常被视为老一代先生们的"时代"特征而被人

忽略，实在可惜、可叹！

2015年1月9日至11日，在北京师范大学英东楼的318室——先生的追思堂里，许多先生的亲朋故旧和学生都为一沓沓"用药说明书"而感动。原来先生晚年用药甚多，那些大小不一、一般人看过即扔的"用药说明书"却被先生一一展平、整齐叠放于案头，以便随时用作稿纸、便签，以节约纸张。因此，许多用药说明书的背面，都留有先生的诗文、学术随感，等等。我是先生的弟子，虽常常拜访，也一直未知这一细节。直到那天在追思堂值班为老师守灵，抚摸一张张用药说明书，一如轻握老师温暖的手掌。

还记得十多年以前的一个故事，也是先生俭德的写照。那天早上我和先生一起应邀赴教育部开政策咨询会。那时我虽然没有买车，但是打的已然成为习惯。但出了校门，先生却一把拽着我上了22路公交车。上下班高峰期，公交车上早已熙熙攘攘、人满为患。虽然不断

有年轻乘客让座，先生却微笑着一一谢绝了。其结果是，满车的人都十分好奇地围着这位紧拉把手在车厢中间晃晃荡荡的"老爷子"七嘴八舌地善意打趣，大家由衷地为一个德高望重的老学者"为国家节约"（黄先生的解释）的朴素德行一致叫好！可惜的是，黄先生"为国家节约"的良好愿望这一次并没有很好实现。原因是会议结束后从教育部回西单22路公交站的路上，我们遇到了一阵小雨。结果先生因此得了一场重感冒，住院治疗的费用反而花去了一千多块！以后很长一段时间，老师每每见到我时就为"多花国家一千多块"医药费的事情而懊悔、内疚不已。彼时我一方面安慰老师，另外一方面也乘机用"打的也能促进消费、有利于国家经济发展"之类的理由希望说服他以后别冒险坐公交。但老师却笑言我是乘机对他"推销新思想"，显然没有为之所动。

我自己随黄先生做博士后时，博士后研究报告的初稿是分章提交给先生审阅教正的。但是每次打印稿上老师的批改都是用铅笔完成的。我一时不解，老师曾经很认真地对我解释说："用铅笔的批改的好处是：若改得不对，你尽可用橡皮擦去，不用再打印即可投稿！"毫不夸张地说，善良、谦逊、节俭，等等美德在黄先生的身上是质朴自然、宛若天成的。

"一曰勤，二曰俭，三曰不敢为天下先。"先生之俭德，一如他的勤劳、谦逊之德，既是他的人生哲学，更是他的日常人格。先生也不止一次向我们推荐他的这一座右铭。我记得他至少两次郑重书写过这一座右铭，分别送给北京师范大学教育基本理论研究院、北京师范大学教育家书院。我坚信，先生的身体虽已仙去，但德性的光芒永在。

先生去世时，我虽悲痛却未曾落泪。昨夜梦醒，却不禁泪下潸然。故黎明即起，忽就此文，以为纪念。

2015年1月21日，于京师园三乐居。

黄济教授和他的三轮车

外二篇：缅怀的真义

——2019 年 4 月 6 日，在曲阜尼山圣源书院"黄济学馆"开馆座谈会上的发言

昨天是清明节。黄昏时分我即和金生鈜兄（我的师兄、浙江师范大学教授）一起在于建福教授（师兄、国家教育行政学院国学教育研究中心主任）导引下有幸提前参观了今天正式开馆的"黄济学馆"。睹物思人，思绪万千。今天早上早早起床，随性写下一首古体诗《贺"黄济学馆"开张》：

圣源添活水，

学馆更春风。

最解清明意，

尼山不老松。

以下我解释一下拙作的意思，与大家交流——

"圣源添活水"重在讲先生的学术，有双关的两层意思。"问渠哪得清如许，为有源头活水来。"一是说圣源书院内新添"黄济学馆"，将黄济教授的藏书、著作尽收其中，大大充实了书院的学术内涵；二是说黄济先生以马克思主义教育哲学思想接续中华儒学传统，使之焕发当代活力，在学术上真正做到了"学故而不泥古，尊儒兼顾百家"（黄济先生语），为我源远流长的中华文化增添了一股难得的清流。

"学馆更春风"重在讲黄济先生的教学之风，也有两层意思。字面的意思当然是指，谒此黄济学馆，沉浸在先生生前的书斋环境，恍若时光倒流、重沐当年恩师教泽；而深层次的意思则是说，黄济先生有"夫子循循然善诱人"的风范。我和生鈜师兄今天在孔子铜像前有一段精彩的聊天。我认为"循循然"三字，教育者的仁爱、智慧、宽容、耐心、鼓励，等等，教育家的美德、美感尽在其中矣；生鈜兄则认为"善诱人"有别于苏格拉底的产婆术，让你没有被追问的压迫之感，因为教育家就在你的对面与你亲切对话……而我们一致认为：

师从黄济教授的日子里，先生总能让我们如坐春风，是一位难得的好老师！

"最解清明意，尼山不老松。"最后两句是我自己直抒胸臆的清明节感悟。尼山上有许多青翠的松树，除了祭奠、纪念之意，那些苍松最重要的象征在于提醒众生：生命如何才能、才算活得更为长久？

来尼山之前，我刚刚回老家扫过墓，清明节当天又来黄济学馆缅怀恩师。我这几天常常想，清明节的真义是什么，或者，缅怀的真义是什么？

我以为清明节缅怀先辈的真义不仅在慎终追远，知道我们从何而来。更为重要的，是我们要接续传统、继往开来。因此我们齐聚黄济学馆、缅怀恩师的真义乃在于见贤思齐，回到工作岗位后能像先生那样为人、为学、教书育人，也就是在"黄济学馆"之"活水"的恩泽中成为我中华文化永不枯竭的新鲜"活水"。

谢谢大家！

2019 年 4 月 7 日，于京师园三乐居。

04 先生之风

——贺允清教授的师爱故事①

每一个行业都有其核心的伦理。如法官追求公正、商家崇尚诚信，教育应以仁慈为本，而好教师的第一品质当然也就应当表现为师爱之风范。

在我们"60后"这一代中，我幸运地属于学习经历最为完整的一类。从小学、中学、大学到硕士、博士、博士后，不同学段的老师们的教育爱都像春风春雨，给我最为美好的滋养。其中，硕士学习阶段贺允清教授对我的关怀更是推动我生命之帆奋勇向前最为关

键的东风，无上珍贵与慷慨。或许贺老师门下弟子众多且有教无类，早已不记得当年曾经给予一个年轻学子的巨大恩惠，但是于我，恩师的所有细心照拂都无时无刻不点滴在心。

一、"北师大的亲戚"

我是在1991年秋季幸运入读北京师范大学，正式成为贺允清教授的弟子的。在长长的新生报到队伍之中，我不过普通一员。但谁也不知道，我有比其他同学完全不同的入学经历。

我是在1989年第一次报考贺允清教授的

① 注：本文曾刊登于《中国德育》半月刊 2013 年第18 期，发表时略有改动；后又收录于《我的北师大年华》（北京师范大学出版社，2013）。

研究生的（学科教学论专业、青少年品德教育方向）。当时我正在皖西南一个农村中学教高三政治课。我是政教专业科班出身，教学成绩突出，且在教学刊物上发表过教研论文多篇。但第一次研究生入学考试却因为高中毕业班教学任务繁重、准备不充分而名落孙山（总分远超北师大研究生录取分数线，但外语成绩却只有区区 15 分）。

考试成绩下来之后不久，就十分意外地收到了贺老师的亲笔信。贺老师在来信里鼓励我说，我的专业成绩非常好，只是外语成绩差了些，应当认真补习好外语来年再考。老师还特别提及我在他负责的《中学政治课教学》1986 年第 10 期"改革与实验"栏目发表的《"小组测试法"尝试》一文，认为我在教学上有自己的真实体会，难能可贵。老师的鼓励犹如冬日的暖阳，很快驱散了我内心沮丧的阴霾。于是我重新拿起当时最流行的《新概念英语》，积极备考。但 1990 年考研的申请最终却没有

被教育局批准，理由是"工作需要"——教育局那年刚刚提升我为所在中学的教导处副主任，我已属学校的"中层干部"。

1990 年初夏的一个傍晚，我突然被教育局管人事的徐副局长叫到家里。徐局长劈头问我："你在北师大有亲戚？"我一下子丈二和尚摸不着头脑。原来贺老师应邀到安徽讲学时通过省教育厅沈培新副厅长亲自过问了我考研申请不被批准的问题。贺老师对沈厅长说："如果檀传宝能够考上研究生、毕业后回来，算我们北师大给安徽培养一个人才；如果孩子将来不回来，安徽为国家教育事业做贡献，都是好事情！"省教育厅直接过问一个农村中学教师的考研问题，恐怕在县教育局的历史上还是第一次，难怪徐局长认定我有一位做教授的"北师大的亲戚"！

于是，我顺利参加并成功通过了 1991 年度研究生考试，幸运地成为贺老师的真正弟子。

二、超出想象的关爱

教师的爱虽属一种有教无类的博爱，但对于作为个体的学生来说，却往往是促进其生命成长的具体、特殊和无比珍贵的阳光雨露。

早在入门之前，老师就不仅帮忙解决了我的考试资格问题（即让县教育局同意我报考），而且为帮助我跨越外语难关专门为我联系了北师大举办的外语补习班。最令我难忘的是，1990年秋我刚到北师大参加外语补习班不久，有一天傍晚我居然在宿舍迎接了两位微笑着的慈祥长者——贺老师竟然和他在研究中心的同事彭万春教授一起到宿舍来看望作为晚辈和"学生"的我——而我那时对能否考取他的研究生或未可知！那时我大学毕业后已经工作8年，外语单词几乎都忘光了。后来能够涉险过关，可以说最大的动力实在来自老师超越常规的无私的关爱。

1991年9月起，我在老师身边开始了愉快的研究生学习生涯。直到1993年秋我赴南京师大提前攻博，我从恩师那里所受到的教育与关怀远远超越我个人的想象，也超越了我许多同窗好友的想象。

我是上有老、下有小的成人研究生，但是我却很少在学期中间请假回家。除了十分珍惜来之不易的学习机会之外，其中最重要的原因就是老师设身处地的关爱——每次我有特殊情况需要请假回家的时候，老师总是问："你家那么远，只请这么两天假，够不够？要不要多请两天假？"这与某些老师和学生"猫—鼠"游戏般的相处之道是恰恰相反的。当年像我们这类研究生生活的困难是今天所难以想象的，比如和爱人通一个电话就要在北太平庄邮局等上3～4小时。但有了老师无以复加的信任与关怀，再大的困难我也能克服！

对我来说，贺老师的关爱是我个人生命历程最重大转折的基本前提。以我当时的处境，如果没有当年老师超越千山万水的有力

贺允清教授（右）和本书作者（1994 年）

关爱与具体支持，我肯定会失去进一步深造的宝贵机遇。我们一家也就可能还会一直厮守在那个离县城还有几公里、名叫"二里半"的农村。

三、成就我的学术人生

贺老师的关怀不仅大大改变了我的个人生活，而且有力地成就了我的学术人生。

在专业上，老师虽然有十分严格的要求，但是也给我以最大的自由学习的空间。比如培养计划，老师真的是与学生商量后确定的——除了专业必修课之外，几乎所有的课程都是我依据自己的兴趣自主选择而后请贺老师认可的。因为我认为学科教学论需要更多教育学、心理学课程的学习，所以我的主要学分都是从教育系拿的（以至于很多教育系的同学都一直认为我是教育系的硕士）。这样也就给贺老师带来了许多麻烦——他需要不断

与教育系、心理系等外单位打电话帮我联络上课的事情。但在我的印象中，老师从来没有过一丝一毫的厌烦，相反，他总是微笑着鼓励我大胆选择和前行。如果说我后来在专业发展上有创造性的一面的话，可以肯定地说，重要原因之一就是硕士阶段导师这种信马由缰式（尊重个性、发展潜能）的培育方式使然。

老师的爱是无际的春风，最终唤醒了我雨后春笋般的学习热情。跟从老师学习的短短两年中，我在包括《教育研究》《北京师范大学学报》在内的学术期刊上共发表论文8篇。这算是一棵小苗"报得三春晖"的最初努力。

由于老师的宽容、鼓励、耳提面命和无私帮助，我不仅在北师大顺利度过了两年自由、幸福的学习时光，而且顺利提前攻博，成为教育学专业的博士、博士后，在教育学原理领域特别在德育原理、教育基本理论、

教师伦理等方向有所心得。我深知，我的所有
成绩都源于老师的恩泽。我也由衷希望，今后
能用更大的成就来回报已经是耄耋之年的恩

师对我的悉心培育。

2013 年 8 月 2 日，于京师园三乐居。

王策三教授

05　知识分子的格局
——王策三教授二三事①

2018 年 1 月 8 日，我以最为不舍的心情永远送别了王策三教授。

王老师及他的夫人夏之莲教授都曾经给我上过专业课，我还是王老师的"小老乡"（王老师的老家在安徽省安庆市潜山县，我则来自其邻县怀宁），我也是与他晚年交流最多的学生之一。我一直想写一篇比较能"拿得出手"的文章纪念他，但是一直未能成文。其中一个最主要的原因是王老师生前一直是一个有道德"洁癖"般严肃且严格的人，我十分担心自己胡乱堆砌一些没有灵性的文字会让天堂里的王老师不满意。

在北师大，王老师指导学生的严格是出了名的。许多硕士生、博士生都曾吃过苦头，甚至哭过鼻子。王老师的这一严格不仅表现在学业上，最主要的还是在为人上。我最深刻的体会是在 1996 年上半年，我在南京师大即将博士毕业前夕，到母校联系做博士后时去拜见王老师那一次。尽管恩师黄济教授已私下和我打招呼"去王老师家绝对不能带东西"，但在王老师家楼底下犹豫再三，我还是在最近的超市买了一罐饮品（十多元钱，类似于咖啡、奶粉之类，名字好像叫作"必士"）再去敲王老师家的房门——因为面见老师空手拜访总是

① 注：本文已见刊于《中国教师》2022 年第 4 期。

在文化心理上过不去。半开房门，王老师就微笑但绝对没有商量地对我说："你若离开时将东西带回去，就可以进来坐坐。如果你坚持要带礼物给我，那就请你现在就离开！"我只好检讨自己的不是，答应离开的时候一定带走那一罐"必土"。尽管接下来的一个多小时，王老师天南海北、谈笑风生，我后来也如愿回到北京师范大学做博士后并留校执教，但那个上午的尴尬，仍令我终生难忘。我后来私下将此遭遇和几位和我要好的王老师、夏老师的学生交流，结果他们通通哈哈大笑——因为他们不少人也曾有过类似的故事。

王老师退休多年后的一个春天，安徽老家寄来了几斤春茶，我再次想到给老先生"送礼"。我在电话里向他请示说："王老师，我刚刚收到几斤天柱山的新茶，我分一些给您？"电话那头，停顿了好一会的王老师答复说："好。一两！"于是，我装了满满一大信封天柱剑豪送到新风南里（王老师家）。王老师拿在手里，掂量着说："这，哪里只一两哦！"我马上回答说："家里又没有秤，多点就多点，您就别为难我了！"于是，那个上午，我们两个"小老乡"相视一笑。此后，我们就常常更为轻松地交往——王老师还请我在他们小区的酒家吃过饭，我也请他出来聚过餐——而这些在以前都是绝对不可能的事情。我的体会，王老师的道德"洁癖"在送礼等细节上其实是界限分明的：在工作领域（有利害关系）的时候，俗气的东西一丁点都不能有；但是在非工作的私人情谊方面，则可以讲真情，真诚相待。王老师自己也笑着对我解释过："过去我总是怕你们'贿赂'我。现在我退休老人一个，再也帮不了你们什么了。你们仍然这么尊重我，说明有真感情！"

王老师严肃、严格，道德上有"洁癖"，但这绝不意味着他在学术与人格上是拘谨、小气的。相反，大格局、大气魄才是他最本质的人格特征。以下我谨按照时间序列略举几例

王策三教授（中）和黄济教授（左）、原北京师范大学一附中刘沪校长在一起（2006 年）

王老师大气为人的故事。

1991—1993 年，我在北京师范大学攻读学科教学论方向的硕士研究生。在第一学期成有信教授主持的"教育学原理"课程上，我就发现自己对教育基本理论有内在的兴趣，于是计划报考王老师的博士研究生。第一次和王老师表达愿望时，王老师只是对我说："你先学习，还早着呢"！于是我认真学习、研究和写作，每发表一篇论文就顺手塞一份复印件到老师的信箱。塞了几次论文之后，有一天，王老师在路上遇到我时，停下来对我说了一句："你还是有点理论思维的！"算是对我的肯定。再后来，我在《教育研究》《北京师范大学学报》上相继发表论文，王老师这才松口说："你可以报考我的博士生了！"遗憾的是，由于一个技术性的原因（虽然我专业课全部优秀，但一门政治理论课却因故只得"良好"，而提前攻博需要所有的必修课成绩为优秀），1993 年我未能如愿在本校提前攻博、成

为王老师的学生，而是考入南京师范大学教育系，师从德育理论大家鲁洁教授。离开北师大、去王老师家道别时，我本以为王老师会有意见，正准备向他解释原委时，没想到王老师竟主动对我说："你已经在北京师范大学学习了两年，我们这些人的观点你已有所了解。现在你去南京师范大学，去体会不同风格的学术，这样对你的成长更为有利！"从此，王老师无私、豁达、为学生着想的先生之风一直成为我学术生涯最为温暖的记忆之一。

1998 年秋，博士后出站、留校工作的我，很快担任了北京师范大学教育系教育学教研室主任。恰好那年秋天，王策三老师、黄济老师两位恩师一起退休。正式退休的那一天，王老师将自己的办公室彻底腾空、打扫得干干净净后，将钥匙交到我手上，明确交代："从明天起，除了学术沙龙我有兴趣参加就自己来，教研室所有工作上的事情都不要再找我了！"干干净净地"裸退"。王老师

王策三教授（右）和黄济教授（左）、郭华（中，北京师范大学教授）在一起（2006年）

这样交代，并非不关心我们教研室、不关心教育学的发展，相反，他一直以他的方式继续他快乐的学术人生与更为广大的教育学关怀。记得有一次遇到在校园散步的他，王老师主动问到北师大和华东师大教育学原理学科排名孰先孰后的竞争问题。王老师问："排名谁第一，谁第二？据说你们压力很大？"我说："是的。"王老师哈哈一笑对我说："知道我的意见吗？我的想法是：若我们很强，还有一个学校超过了我们，那是好事——中国这么大的一个国家，多一个比我们更强的教育学原理队伍，难道不是好事吗？！如果我们本来就不如人家，我们要做的事情，也不是焦虑，不是去硬'争取'排名第一，而是要更努力地工作去！"王老师的回答至今令人有荡气回肠、振聋发聩的感觉。

2003年起，王策三老师和钟启泉教授有过一场有关中国大陆课程改革的学术争论。王老师相继发表《认真对待"轻视知识"的教育思潮》（2004）、《"新课程理念""概念重建运动"与学习凯洛夫教育学》（2009）、《恢复全面发展教育的权威——三评"由'应试教育'向素质教育转轨"提法的讨论》（2017）等宏论，洋洋洒洒，动辄数万字，完全不像一个耄耋老者所为。公平地说，一场真正的辩论，往往双方都有某些合理因素、也都有某些需要完善的地方，辩论的结果应当是认识的提升，而非对于对手的征服。总体说来，这场有关中国课程改革的学术争论也堪称改革开放以来最为严肃的教育学学术争论之一，在知识论、课程论、教学论等方面的认识提升上均有十分积极的意义。王老师在争论一开始就对包括我在内的许多北师大后学说得十分明白："最重要的，争论要解决中国的教育问题。"我以为，王老师以一老骥单挑，表现出来的不仅是真正学者的格局与气度，而且是对自己学术观点的绝对真诚与理论自信。人们可能不同意他的某个具体观点，但"文章千古事"，人们必钦佩他坚持真理、奉献社会的专业精神！

王老师给我上过课，也是我的"小老乡"。在我留校工作后，王老师一直以温暖和睿智支持着我以及我们这一辈北师大教育学人的成长。我个人也一直在心底里以王老师的知识分子的骨气、理性、率真与豁达等大格局人格为自己的学习榜样。因此，过去在北京过年每每去黄济教授家拜年之后必去王老师家。戊戌年（2018）春节，北京一直艳阳高照。我仍然在北京过年，只是举目南天，再也不能给王老师拜年了。

2018 年 3 月 5 日，于京师园三乐居。

成有信先生

06　鲜明的形象
——博士先生成有信①

　　真正的知识分子都有自己的个性。北京师范大学教育学原理专业的几位老先生中，成有信教授可谓个性最为鲜明的一位。

　　先生的个性，其实并不表现为表面上的猖狂，实际上在我的印象中，成老师一直是笑眯眯的，说话慢条斯理，温文尔雅，带一口让人倍感亲切的山西口音。先生的个性展现，主要在研究的理论深度及高度的人格自信上，当然也表现在一些生活中的小细节里。比如他的纸质名片，看似简单（完全没有唬人的头衔），但非常"自负"（似乎成有信三个字就

够了）—— 一行写"北京师范大学教育系教授"，另外一行则是"成有信博士"，最后一行就是邮件地址、电话号码，如此而已。由于时代的局限，与他同时代的老先生许多人只有本科学历，少数读过研究生班，只有他才是正经八百的博士（成先生 1956 年至 1961 年在莫斯科国立列宁师范学院研究生院攻读教育理论并获得哲学博士学位）。成老师如此设计强调博士学位的名片，着实有些得罪人。估计他自己也知道这一点，但他当年的名片的确一直如此。至于先生在教育理论上的自信或作为学者的骄傲，则主要体现在他的教学与科研风格上了。

　　① 注：本文已见刊于《中国教师》2021 年第 11 期。

"不知道他讲了些什么"

我是 1991 年到北京师范大学读研的。第一学期就有成老师担纲的"教育学原理"课。成老师主持的这门课荟萃了黄济、王策三、孙喜亭、冯忠良等大家的演讲，有最多元的营养。但同学们对成先生自己的几次讲授，却褒贬不一。由于老师的演讲有注重思辨、逻辑严密、"死抠概念"等特质，一些同学在思维上跟不上，以至于课间有同学悄悄抱怨说："老成讲了半天，不知道他讲了些什么！"

当然，对于哲学功底稍好些的同学，听成先生的课就是如饮甘泉了。对我个人来说，正是那门课改变了我人生的航向。因为课上我蓦然发现，原来我觉得"没有什么东西"的教育学原理里居然可以有那么多思辨的乐趣，所以，几乎在硕士第一学期刚刚开始的时候，我就已暗暗决心毕业后继续攻读博士学位，

以延续教育理论学习的幸福。

成先生的"教育学原理"课让我脑洞大开还有一个重要表现，就是我的两篇作业后来先后发表在《教育研究》和《北京师范大学学报（社会科学版）》上（《劳动教育的中介地位初议》,《教育研究》1992 年第 9 期；《德育过程三要素的特点》,《北京师范大学学报（社会科学版）》1992 年第 3 期）。这也成为我后来能够成功提前攻读博士学位的重要"绩点"。只不过与现在许多大学设定研究生（尤其是博士生）必须完成论文发表的硬性指标（实际上是强迫学生发表论文）不同，我当时的论文写作、发表完全是作为学习者自己有研究的兴趣，"我手写我心"的自然结果。也可以说，没有成先生教学的激荡、激发，就没有那两篇论文的写作与发表。

"那就不能留在高校或研究机构了"

成先生的课不考试，但是要求提交期末论文。到了快要交论文的时候，许多同学还无从下手。成老师就鼓励大家说："有点新鲜想法，有理有据表达出来即可！"但话音未落就有同学马上回答："我们没想法！"

"真的没有想法？那，你们毕业后不能留在高校或研究机构了！"

接着，成老师进一步解释说——

真的没想法的人，千万不能留在高校或研究机构，因为"没有想法"就意味着没有创造性、没有自己的学术观点，在学生、同行眼里就得不到一个学者理应获得的尊重！"像我这样，喜欢琢磨琢磨问题、写写东西的，就适合在高校！"成先生得意地说。

"那是我们的墓志铭"

我于 1996 年回到北京师范大学做博士后并留校工作。很长一段时间校园之内我最喜欢去的地方，就是位于"小红楼"（校内老别墅区，常常是几位教授合住一栋，但当时能住上小红楼的都是启功先生等著名教授）的成先生家了。去成先生家，一般的聊天较少，多是以聊天的方式听先生解释他的现代教育划分标准、教育与生产劳动相结合及其与人类两次体脑分离的关系、师范教育的历史分期与当代发展趋势等研究成果。先生尤其强调，现代教育的核心是主体性人格的养成，即把受教育者培养成能够主宰自己的人；现代社会道德规范建立的基础是承认个人的主体性或独立性，现代社会的核心价值应当是平等、民主和自由，等等。我后来之所以对公民教育有较为浓厚的理论兴趣，原因之一就是成先生基于现代教育原理推演出现代人格特征等理论思考对我的启发。

2010 年后，成先生随公子（成非兄）去了美国。虽然人在美国，但我们的交流并没有完全中断。记得有一次刚去美国的他在越洋电话里像孩童一样新奇地对我说，他给我打电话（IP 电话）回来几乎不花钱，让我别担心话费太高。而印象最深的一次谈话，是有一次他忽然高度肯定我许多年前辞掉行政职务，专心学术一事，并动情地强调："一个学者，不要说追求永恒，我们至少得时不时问问自己：有几篇文章、几本书能经得起历史的考验，几十年后仍然在图书馆里的书架上还立得住！有分量的论文、著作，那是我们的墓志铭！"虽然隔着千山万水，先生的一席话一时间已让我热血沸腾。

最近一次通话，是前不久有出版社通过我希望获得先生的授权再版他的著作。年逾九旬的成先生已严重耳背，但在了解情况后不仅爽快答应了，还非常自得地对我说：

"几十年前的老东西，大家还觉得立得住、还有用，我很高兴！我一生，既反左，又反右，学术上努力讲真话！"最后还特别补充说，他在美国很好，九十多岁了，除了耳朵有点背，身体没别的毛病，活过一百岁应该没问题！

人与人之间的交往，是要讲缘分的。在一些同学抱怨"不知道他讲了些什么"的时候，我却因为成老师有深度的教学、研究而成为先生的忠实粉丝。此外，在成先生那门"教育学原理"的课上，许多同学抱怨听不懂的，还有一位老师就是黄济教授——因为他浓重的胶东（即墨）口音。但很奇诡，黄老师的口音却一点也没有妨碍我兴趣盎然地听先生讲他的教育哲学。而几年之后，我博士毕业、回北京师范大学做教育学博士后时，黄先生成了我的"亲老师"（导师）！

中间隔着一个大大的太平洋，现在要面见一次成先生已经不容易了。但我相信，许多像我一样的学生，都一定记得住博士先生成信那种纯粹知识分子的个性鲜明的形象。

2021 年 9 月 8 日，于京师园三乐居。

附记：

首都师范大学蓝维教授在看完本文后在微信里（2021 年 9 月 9 日）回复说——

成老师对我的影响也很大。我是 1997 年做的成先生的访问学者。之前征求我叔叔的意见——教育学应该跟谁学？我叔叔当时是《中国社会科学》杂志的副主编，他推荐我找成先生。因为他从成先生的文章里看到了他的水平。

成老师每周跟我聊半天，经常夜幕降临还没有停止。我俩在他和平里家的客厅里，路灯照在墙上，有树的影子。他谈社会，谈政治，谈"现代"的特征，几乎很少谈教育本身，却让我能够从更广阔的视角去理解教育。

记得有一次，是《教育研究》杂志成立 30（不知是否准确）周年，约了成老师的稿子。成老师写好后让我帮他输进电脑、打印出来。我给他打印好后，他一晚上给我打了六个电话，说的都是这里用分号会比逗号好，那里用带单立人的"份"字会比"分"好之类……第七个电话则是师母打来的。师母说，我在旁边听着都烦了，他一晚上给你打这么多电话！ 其实我心里很清楚，成老师对科研和表达都精益求精，他对学生的基本要求是表达错误率不超过万分之零点五。

他的傲骨是显而易见的。比如他很少引用别人的观点，甚至连字典里的定义也不用，因为他觉得一些编字典的人水平也有限！

孙喜亭先生

07　可爱的人日子等于天堂

——怀念敬爱的孙喜亭教授①

今天大家济济一堂，都是来深切怀念我们敬爱的孙喜亭教授的。

我是"听过老师课的"这个类型的学生。但关于孙老师，我有以下三点切身体会，想与大家分享。

第一，孙老师的人性光辉。

今天早上，拿到这本《日子——2005—2013 年手记》（记录孙喜亭教授与脑梗抗争的

日志）就感动不已，马上选择三幅孙老师颤巍巍的笔迹图片上传到我的微信朋友圈。

第一幅图片上，孙老师写道："神舟六号载人上天中国人民有志气"（写于 2005 年 10 月 12 日，字迹扭曲、没有标点）。第二幅图片上，孙老师写道："吃晚饭的时候，我看见半个月亮爬上来。她挂在树梢朝我笑。"（写于 2006 年 10 月 2 日，字迹已经趋于正常，且有孙老师画的简笔画——树梢和月亮作为配图）。第三幅图片上，孙老师写道："照照镜子，抹一把脸。点点头，笑一笑，表示：还可以。面色白里透红，目光炯炯有神。这难道是一个偏瘫的老头吗！！！——八月一日自嘲

① 本文原为作者在 2018 年 12 月 9 日孙喜亭先生教育思想研讨会上的即席发言。2018 年 12 月 12 日依据即席发言要义回忆整理。文章主要内容曾见刊于《当代教师教育》2019 年第 3 期，本书收录时又有修改。

孙先生所写"自嘲"

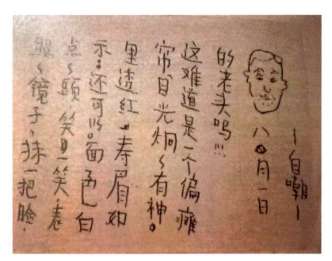

（2006）。"除了句末用了三个惊叹号，纸片的右上角居然还画了一个慈眉善目的老人脸——我想那就是先生的自画像吧。

由此可见，即便病魔缠身、行动不便，即便要右手没有知觉、改为左手像小学生一样重新练习写字，孙老师也依然坚强、乐观。最难能可贵的是，磨难中的先生依然那么浪漫、可爱！

我在微信里给这些充满人性之光的图片配的文字是："可爱的人 日子 等于天堂"。照片一上传，许多人都在点赞。于是我进一步改前面的文字为"最可爱的人 每一个日子 都等于一座天堂"，外加一段说明的文字："孙喜亭先生教育思想研讨会今天在北京师范大学英东学术会堂召开。先生已仙逝，但他一生潇洒。其累累学术成果及十余年与病魔抗争中所展现的人性之光，永远泽被后人！"

和已经发言的许多老师同学一样，孙老师给予我个人的，也有许多如暖阳一样的细致关照，我一直感激在心。比如1996年我回北师大做博士后以及1998年我正式留校工作期间，由于住在学校东门口的工一楼、经常偶遇上班或者散步的孙老师，有过许多令人难忘的"路边谈话"。那段时间，孙老师总是乐呵呵地嘘寒问暖，询问我留校工作、生活的许多细节：孩子上学、爱人工作等如何解决，有什么困难没有……完全看不出，我只是一个他给上过大课的"广义的"学生！

所以于我而言，孙老师不仅是给我学术滋养的恩师之一，而且是一个最"可爱的人"。我坚信：他以前的"日子"、以后的"日子"，都配享天堂！

第二，孙老师的教学风范。

我最早是在1991年在成有信教授主持的"教育学原理"硕士课上听到孙老师的演讲的。由于有在北京师范大学学习、工作之便，后来有幸多次听过孙老师的课，受益匪浅。

孙老师，是老一辈北师大教育学者中演讲最有魅力者。其突出特色就是他的演讲如大河奔流，令人有酣畅淋漓之感。身材本就高高大大的孙老师，每一次演讲都是声若洪钟、滔滔不绝。而其滔滔不绝的演讲风格所依托的，不仅仅是出色的口才，更是绵密的逻辑推演、气势磅礴的精神气概。"喜欢听孙老师的课"，大概是当年许多北师大学子的共同感慨！

除了日常教学、讲座，孙老师最重要的贡献之一，就是他和成有信先生共同主持的不定期教育学博士沙龙。博士沙龙往往是一次聚焦一个主题，也请人演讲，但更多的是教育学术问题的深入讨论。沙龙上老师学生唇枪舌剑，十分热闹。各种不同意见交锋、激荡，每每让参与者大开眼界、提升了学术思考的深度、广度。在 20 世纪 90 年代，"学术沙龙"还是新鲜事物，某种意义上说北京师范大学是开教育学术风气之先的。当年许多北师大教育学及相关专业的硕士、博士、访问学者都欣欣然参加过教育学博士沙龙。当然，教育学博士沙龙的实际影响很快就覆盖了校内外，我记得有多位社科院、北京大学的知名学者当年都曾参与其中。再后来，外地也有多所高校也仿效北京师范大学有了各自的教育学博士沙龙。

还记得 2000 年前后有一个傍晚，遇到散步的孙老师。我们寒暄了几句，已经道别的孙老师突然回过头认真地对我说："檀传宝，你们鲁老师（我的博士导师鲁洁教授）还是培养了几个人的！"接着孙老师掰着指头对我说鲁老师培养的谁谁谁，都不错！我知道，孙老师这样说，不仅是表示对他的老朋友鲁洁教授教书育人工作成效的由衷肯定，更主要的是表明他从心里在意教学、在意教师身份对于社会的贡献及其意义。我想这大概也是所有好教师的共同特征！每一次的教育学博士沙龙，以及孙老师给我们所上的每一节让我们不亦乐乎的课，其实都是孙老师发自内心热爱教学、泽被后人的精神见证。

第三，孙老师的学术境界。

在学术研究上，孙老师不仅是北京师范大学最重要的教育学人之一，而且在全国教育学界也享有崇高地位。他关于教育与人的发展、教育与社会发展、教育本质与功能、教育价值、德育、"育人为本"等方面的诸多论述，对于当代中国教育学原理、教育基本理论的发展都有重要且有个性的贡献。

风格上，孙老师的学术研究很像他的演讲。他的论文总是高屋建瓴、旁征博引、娓娓道来，犹如他声若洪钟、大河奔流式的演讲。比如他论述德育价值，是先讲"人的价值"，再讲"教育价值"，而后推论出"德育价值"的；他讲德育过程，也是先讲清"人的发展"，再讲"教育过程"，而后分析"德育过程"的。这种内在逻辑的贯通，使得他的诸多论述都沉稳、扎实，令人折服。孙老师一生著

述甚多。人民教育出版社出版的他的论文集《教育问题的理论求索》是一个最为重要和全面的文本。重温这本文集，就像重新回到孙先生的讲堂，令人如沐春风。

孙老师不仅学术成就斐然，而且具备有容乃大的学术品格。我个人曾经与老师打过一场"笔墨官司"，公开发文质疑过孙老师所持的德育"灌输"之说（见《德性只能由内而外地生成——试论"新性善论"及其依据，兼答孙喜亭教授》，《清华大学教育研究》2001年第3期）。文章发表后，曾经惴惴不安好久。虽是学术争鸣，但我毕竟是他的学生、一个"小孩"。毕竟一个青年教师和一个德高望重的学者公开叫板，在中国文化里并不多见！但在我的记忆中，孙老师从来没有表示过一丝一毫的不悦。相反，孙老师在学术上反而十分重视我这个晚辈的批评，在《教育问题的理论求索》一书中可以清楚地看到，至少有两篇论文直接涉及和我的"论战"。他所选择的批评模

孙喜亭先生

式，是认真举证拙文证据上的不适切性、逻辑上的疏漏，从而批评我的观点。虽然至今我仍然坚持反对灌输的观点，但是我同时也发自内心地承认老师所指出的我的论述的诸多不足，由衷感激他对我当年论述所暴露的片面性的善意提醒。

还记得有一次"路边谈话"，孙老师曾经眼睛看定我、郑重其事地对我说："我看你们几个人（他当时比较看重的三个青年学人），你是最安静的！"虽然我自知我还远远不够"安静"，但多少年过去了，我一直记着老师这句鼓励且具点拨意味的话！我想他其实是提醒我：在一个浮躁的时代，一个学者最重要的品质之一是耐得住寂寞！故我之所以特别推崇孙老师的学术境界，不仅是因为其丰硕的学术成果和真诚谦逊的学者风范。更主要

的是想说，在学术研究中展现出"我自岿然不动"的大气的孙喜亭先生，是我们晚辈的最好榜样！

以上三点，我其实是想说：孙喜亭教授是一个大写的人、一名良师、一位真正的学者。

作为在北京师范大学工作的晚辈，怀念孙老师的第一要务，就是要以老师为自己做人的榜样、教学的榜样、学术的榜样。孙老师一生最重要的工作领域之一是教育学原理，因此，北京师范大学教育学原理专业的同仁都应当努力继承孙老师以及近年相继去世的黄济、厉以贤、王策三教授等老一代北师大教育学人的遗志，将北京师范大学的教育学原理学科建设好，为国家教育科学、教育事业做出更新、更大的贡献！

王逢贤教授

08　一位有情有义的知识分子
——忆王逢贤教授①

　　我最早见到王逢贤老师是读博士的时候。当然在此之前，我们对先生早已心向往之很久了。因为那时在我们德育领域里，几乎所有研究生都知道这个领域里王老师等国内几个大腕级的人物。所以，我老早就知道他，读他的文章。但是真正见到他，是我博士论文答辩的时候——1996 年 6 月，我们几个学生举着牌子到南京火车站迎接王老师和黄济先生来南京师范大学主持我们的博士答辩。遵照导师鲁洁教授的指示，我们把先生们从南京火车站一路接到南京师范大学的南山专家楼。那一年，我们同门一共有三个人毕业，雷鸣强博士、张乐天博士，还有我。非常荣幸，王老师

是我的答辩委员会主席。② 因此，我对王老师非常美好的回忆也就是从那时开始的。

　　作为我的前辈、我的老师，王先生给我留下了许多深刻而感性的印象。如果让我对这个印象做一个概括的话，我想这样表达：王逢

　　① 注：本文原为王逢贤老师去世（2013 年 12 月 13 日）后依据东北师范大学有关老师对我的访谈思路加工而成，后收入该校编辑出版的纪念文集，并公开发表于《中国教师》2022 年第 2 期。

　　② 记得当年答辩海报上王逢贤教授为主席，但多年后我看到存档的答辩决议书上，主席签字一栏实际署名的却是黄济教授。估计是签字的时候王老师礼让黄先生了。由于 20 世纪 50 年代王逢贤教授等在中国人民大学进修时黄济老师已经是助教身份，所以王逢贤、潘懋元、王策三老师等一直尊黄济先生为"老师"。

王逢贤教授（中）在作者博士后公寓中餐叙。左一、左二、左四，分别为作者、马健生（现为北京师范大学教授）、王健敏（现为浙江教科院研究员、副院长）。（1997年）

贤教授是一位有情有义的知识分子！

王老师对我们这些后辈学生都非常有感情。只要是他的学生，他都关怀备至。记得在当年的答辩会上，他反复肯定我们的学术成绩，发自内心地体谅我们学习的艰辛。他认为，在大家都热衷于"下海"赚钱的时候，我们这批甘受清贫的"傻博士"（王老师原话）非常了不起！现在博士生的待遇已经有了很大的改变，但我们当年读博士是非常艰苦的，助学金只有两百多块钱一个月。像我，还是已经成家的人，上有老、下有小，可谓困难重重。王老师总是基于学生的立场考虑学生的问题，他虽然会对我们耳提面命，指出我们研究的不足，但是更多的是对我们进行极其热情的鼓励和褒扬。其实，我们都知道我们的研究还稚嫩得很。老师褒扬我们，一半原因是他知道我们确实努力了，更大一部分原因是他对我们怀有深切的同情，更是希望对我们在逆境中求上进的精神予以最大的肯定和鼓励。

1996年博士毕业后，我马上回到母校北京师范大学，师从黄济教授做教育学博士后研究。其间，我在北师大也见到过王老师很多次。其中印象最深的一次，当是在我一居室的寒舍里请王老师吃饭。

我知道，在北师大、北京市，王老师的好朋友很多，因此吃饭的应酬也很多，而且一般学术活动的食宿也都是会被周到地安排好的。我开始担心请不到他，没想到我忐忑地说："王老师有时间我请您吃饭吧？"他马上就说："行。"他很爽快，还反过来让我说什么时间合适。博士后的住房非常小、非常窄，饭桌就在床与书桌之间。但就是在那种非常窘迫的环境下，王老师跟我们一起"大快朵颐"、谈笑风生。虽然那顿午餐非常局促，但是我们非常非常愉快。一起用餐的除了我的妻子、孩子，还有现在已经在浙江工作的王健敏博士（王老师就是来参与她的博士论文答辩的）。

在工作特别忙的情况下，王老师还能够欣然造访我那个非常非常狭小的空间，对作为小辈的我来讲，是一份莫大的情谊与鼓励。

说王老师是一位有情有义的知识分子，当然不仅仅是说王老师和我们这些后辈有着美好的私人情感。最重要的，是说他有那种忧国忧民的品质，有着对整个中华民族发展、人类文明未来的悲悯情怀。他的社会关怀意识强烈而真诚，常常禁不住溢于言表。有个最明显的例子就是和我在电话里讨论我在《中国教育报》上发表的一篇论文。那是一篇短文，是主张要建立教育的"第三标准"的。因为我觉得迄今为止的教育，比较多地考虑了"真"的标准，比如说教育要符合规律之类；也比较多地考虑了"善"的标准，比如说我们要追求人的自由而全面的发展等。但是在教育实践中，相对来讲，我们是比较忽略"美"的标准的。因此我们不光是要加强美育，还要建立教育活动的"第三标准"——即教育的"审美标准"。

文章刚刚发表出来，我还没有拿到样报，就在家里突然接到王老师的电话。王老师在电话那头滔滔不绝地跟我讨论那篇文章的观点，讲了好长时间！我想，如果他没有真切的热情，不是真的对中国教育事业发自内心的关切的话，对一个刚刚毕业的年轻博士，对一个他的晚辈，他根本不可能打长途电话过来做如此细致的研讨。因此，我觉得王老师不仅是一个在学术上有杰出贡献的学者，而且在事业、生活中都是一个特别有情有义的人，是一个有悲悯情怀的人。也许正是有了这种人格品质和精神境界，才能成就他比较厚重、比较有成就的人生！

形成王老师这种悲悯性的学养、修养，离不开两种重要的内在品质：一是高度的社会责任感，二是克服困难的勇气跟意志力。

王老师那一代人遭遇到的国家苦难比我们多，个人的苦难更比我们多。王老师显然是属于那些不仅没有被苦难击垮，而且能够在困难中奋力前行的人。以他的人格，让他没有国家意识，没有社会担当很难。这固然有可能一方面是社会环境使然，但是另一方面也与王老师本人对这个世界发自内心的关怀有关系。很多时候，只要你打通他的电话，王老师几乎不需要你再说什么，他就会滔滔不绝地把他对这个世界的关切，对现实教育问题的忧虑，对我们年轻一代的由衷期望，非常非常坦诚地去做反反复复的叮嘱。而这对我们来讲，是非常珍贵的精神营养。我们从先生身上学到的，不仅仅是他实体的学术观点，实体的教育智慧，更多的是他的人格魅力以及这一人格魅力带给我们从事教学与研究的无限动力。

王老师所具有的坚强意志也是一般人难以企及的。我第一次见到王老师的时候，一直感觉王老师很健康——高高的、瘦瘦的、神采飞扬的，并不知道他的身体也有许多问题。直到1996年我即将辞别南京师范大学的时候，

鲁洁老师嘱咐我要注意身体，说："不要像王逢贤一样——胃都切除了三分之二！"那一刻，我十分震惊。我难以想象，每一天他要克服多少困难才能去从事他最心爱的教学与研究啊。因此我一直在心底非常非常钦佩王老师的顽强意志。先生一生奋斗不止，一直到他去世，他一刻也没有停止过思考，一刻也没有停止过工作。这也就是说，他一刻也没有停止过在荆棘中努力前行！

在我们的研究领域，即德育原理、教育学原理领域，以我所了解的情况看，王老师当之无愧，是我国现当代最重要、最杰出的教育学家之一。王老师对教育基本理论，尤其是德育论学术研究、学科发展都做出了重大贡献。关于德育研究的成果，有时他用理性的形式表达，比如发表论文、出版专著等；有时他也会以非常幽默、感性的形式予以表达。记得有一次，为了肯定、鼓励我从事德育美学观的研究，他认真地跟我说："你看现在社会

王逢贤、鲁洁、古人伏教授合影（2004 年）

上有人买智育，比如家教；有人买体育，比如学习跆拳道；有人买美育，比如学钢琴。但是，从来就没有见到人买德育！为什么？因为智育好吃、体育好吃、美育好吃，唯独德育不好吃！"总之，王老师关于德育与人生的联系，关于社会发展关系的很多论述，对我的启发都是非常大的。此外，王老师在 20 世纪八九十年代对德育主体性、德育实体性的诸多论述也是非常精彩的。

如果以王老师为典型案例，我觉得一位"好的学者"的"好"，必须具备三条最重要的标准：第一，必须要有对学术和社会的最深切的关怀。王老师是一个非常典型的具有悲悯情怀的人，他对教育事业有发自内心的关切。而他的成就，实质上出自内心对于这个世界的由衷关怀。第二，我觉得应该有独立思考，独立判断的能力，要有批判精神。王老师常常有非常独到的学术成就，拒绝人云亦云，很多时候哪怕看报纸、看电视，他也能保持自己对人与事最清醒的判断。他在研究上所树立的独立探索的风范，也是给后学者非常好的榜样。第三，要具备理性分析问题的学术能力。王老师理性思维是非常发达的。如果你仔细斟酌就不难发现，当他滔滔不绝地跟你去讲他自己的某个想法的时候，他的"滔滔不绝"都是基于事实、有非常严密的逻辑的。以这三条标准来衡量，王老师是我的榜样，也是所有中国教育学人的榜样。

以上三条，第一条最重要。也就是说，未来的青年学者如果要有所成就的话，一定要有一个比较高的人生境界。王老师为我们做出了榜样，他的忧国忧民，他对后学的奖掖，他的不懈奋斗，都是基于对国家教育事业的真切关怀。青年人应该学习这种大的人生境界，因为有多大的境界就有多大的出息。

2014 年 7 月 21 日整理、2017 年 7 月 12 日修订。

父亲近照

09　父亲老师①

　　2021 年 6 月 20 日，微信圈里满屏父亲节（6 月的第三个星期天，起源于美国）的祝福。我虽没有随俗加入微信庆祝大军，但心里还是很想如美国人献给健在的父亲一朵红玫瑰那般感恩父亲的。于是我决定第二天开始完成这样一篇关于我的父亲——一个做了一辈子乡村小学教师的父亲的小小速写。

父亲

　　父亲生于抗战时期，幼年失恃，过继后虽

被爷爷奶奶视若珍宝，但幼年体弱、读书需要跋山涉水、青壮年时期则须以一当十，承担全家老老小小十余人的生活责任。即便如此，生活的磨砺似乎更让他成为一个坚毅乐观、多才多艺的人。

　　我至今都在灵魂深处记得童年时代那些青黄不接的日子里父亲在深夜长叹的声音。当母亲悄悄提醒他家里快要揭不开锅的时候，父亲并不会回答什么，他只是静静地平躺在床上，苦思冥想地寻找对策，偶尔长叹一声——声音不大却足以让我头皮发麻。我那时已然知道：在大家普遍贫困的情况下，出门借粮需要考虑谁家有粮、肯不肯借、如何在博人理

① 注：本文已发表于《中国教师》2021 年第 9 期。

解的同时又不失尊严，等等，这实在是一大难事。但是比较神奇的是，第二天一早父亲总能成功借到粮食，而且放下担子的他总会在自己的妻儿面前眉飞色舞地讲述借粮的种种花絮。比我年幼的弟弟妹妹们虽然似懂非懂，但是也会瞪大眼睛饶有兴致地听"故事"；而在我和哥哥姐姐们的心中，父亲就是我们生活中真正的英雄。记得在我的童年时期，许多好心人都曾提议父母将我们兄弟姐妹送一个两个给他人抚养，以减轻家庭负担。但生活再难，父母亲对此类提议都嗤之以鼻。父亲每每提及村子里谁家送走了儿子、谁家送走了女儿时，言语之中虽多有同情但绝不认同。那个年代他最为自豪、连带着我们也跟着十分骄傲的事情之一，就是：我们家饭口众多，但绝不送人！

也许是生活所迫，父亲慢慢变成了村子里最为多才多艺的人。他短暂地当过生产队的会计，此后大半生的主要职业都是民办教师。但是他又是无师自通的篾匠——编得出各式各样实用而好看的箩筐；他又是雕匠，可以制作美丽的手工木雕卖给乡民做婚床的装饰；他还会刻私章，远近熟人都慕名来寻，请他刻一方或者木头，或者石头的名章。实际上，父亲的二胡也十分了得，曾经是村子里戏班的首席——我曾看见过他拉二胡时那种沉醉其中的样子。只是那把二胡后来在一次争吵之后被我母亲砸了个稀巴烂，因为二胡再好听也浪费时间且没法换来粮食，而其他手艺自然是我母亲所鼓励、赞赏的。我相信母亲下决心砸碎那把二胡时心里一定很难过，因为她所砸碎的，其实是曾经赢得她爱慕的才情。但父母都是有决断的人。母亲毅然砸碎二胡，父亲在我二哥结婚（要花大钱）前夕突然宣布戒烟——一位几十年的老烟枪，从此就真的不再碰任何人递给他的各色香烟了。

本书作者与父亲（左）在海南
（2018 年）

数学课

父亲是我三到五年级（当时小学五年制）的数学老师。父亲是一位好老师。

父亲的教学之好，在当时的村里、乡里都是有口皆碑的。这不仅仅是因为他拿过许多奖励，也不仅仅是因为他带的班级统考成绩常常名列前茅。于我而言，最有体会的是两条，一是父亲讲课能够切近生活，娓娓道来，引人入胜，所以教学效率极高；二是父亲对付调皮的学生有许多"绝活"，让学生们普遍敬畏，也让同事们真心佩服。记得一次班里有同学丢了东西（在那个年代很少见），别的老师追查了半天也没有查出头绪，但请父亲一出场，却很快就解决了问题。那位调皮的学生（我的同学）事后居然很认真地对我说："你爸真的能看到我脑子里面的想法，他真的学过'心里'学（心理学）！"

至于父亲讲课"有一套"，我是最能理解的。这里不说课堂教学，只说他平日如何教我识字吧。在我上学之前，我就已经识字许多了。记得上小学前后好多年，我们父子间最愉快的游戏就是父亲让我用手指在他光溜溜的后脊背上写字，他来猜。猜得出来，我会觉得好神奇；猜不出来我就自然很得意——于是我便越来越努力地找一些笔画多的"难字"来写，以免被他轻易猜到。父子间常常为此前仰后合，不亦乐乎。但很显然，无论输赢，父亲寓教于乐的教育目标都已经轻松实现！

父亲不只是教我们数学。拿今天的行话来说，父亲是既认真教书，又注重育人的。记得有一段时间，因为学习成绩好，我慢慢地滋长了骄傲情绪，这被父亲看在眼里，于是就有了让我终生难忘的一课。有一天他在黑板上故意列了一道特别难的题目，问谁会这道题，我很快"中计"——又像以往那样不假思索就高高举起手来。父亲马上让我站起来回答，我自然回答不出来。这时父亲慢慢走过来，当着全班同学的面给了我两个响亮的"爆栗子"（用手的食指、中指的指关节重击头部），然后高声说道："我早就看见你不管懂与不懂都把手举起来了。今天让你长点记性：知之为知之，不知为不知。再不警告你，尾巴都要翘到天上去了！"头疼是小、羞愧至极，我当场泪流满面，但是骄傲自满的做派便从此有所收敛了。

父亲对子女的教育非常有成效。恢复高考后，我和两个弟弟先后考上了大学，一时间成为乡里的美谈。而因故没有上大学的兄弟姐妹，在生活中也都是正派、努力的。

"老师"

父亲教书育人非常厉害，一个原因是他本来就是科班出身的老师。

改革开放前，合格师资普遍短缺。父亲对于老家这种两县交界的偏远农村来说实在是非常珍贵的资源。父亲原是 20 世纪 50 年代速成师范的毕业生，曾经是公办教师，年纪轻轻就担任过村小的校长，在我出生之前因故离职回乡，在做了农民、生产队会计之后，又转回去做起了村里的民办教师直到退休。

父亲最重要的成就，应当是全村人都喊他"老师"。其他人可能是张老师、李老师，唯独父亲被大家约定俗成称呼为"老师"。原因是其他老师多是来了、又走了，唯独父亲与绝大多数村民同姓同宗、一个祠堂，就像是村子里的老枫树，根子就扎在乡土深处，本乡本土，定然不离不弃。当然，村子里许多人家祖孙三代都曾经是父亲教过的亲学生，学生们毕业后仍然保留"老师"这样的称呼，本也十分自然。所以，每当清晨或者黄昏，路上若有人或轻或重地喊一声"老师"，就一定是背着手踱步的父亲经过了那里。

类似于过去的"乡绅"，父亲也承担了许

多乡村社会"治理"的角色。比如，祠堂要续修族谱，父亲不仅积极参与编撰工作，而且在遇到不肯出钱、最为胡搅蛮缠者时就会出马说服、按例收齐份子钱。又如，有父子兄弟失和，或是两个亲家起了纠纷，需要调和，也常会有人请父亲适当"说一说"。很长一段时间，父亲去过的最远的一趟门是到沈阳——村里子侄在工地上受了严重工伤，需要探望、与各方交涉、争取合理的赔偿等。回家后，父亲曾经多次对我们细说过在沈阳的家乡子弟见了他后如何发自内心地热心款待的种种情形。我想，除了远道而来施以援手，大家对他有发自内心的感谢、尊敬外，还有一个重要原因，就是父亲是他们的"老师"。

我自己也常常想，我应该如何定义我的父亲，或者我应该以怎样的名义感恩我的父亲？

不是一般的张老师、李老师，"父亲老师"也许是对他最合适的称呼。作为父亲，他不仅养育了我以及我众多的兄弟姐妹，而且在人生的不同阶段都给予过我们最珍贵的精神指引。作为老师，他不仅给我们比其他父母更专业的文化教育，而且造福桑梓，成为村里几辈人的先生。现在，常住老家的父亲已日渐步履蹒跚、老态龙钟了，但愿本文可以算作送给老父亲一朵精神上的红玫瑰。

2021 年 6 月 21 日，于京师园三乐居。

路华青先生

10　远去的背影

——忆恩师路华青先生[①]

　　当年在安徽省怀宁县皖河中学的校园里，高中语文老师路华青一直是一道最独特的风景。

　　记忆中，路老师永远一手夹着一摞书或作文本，一手把着一个紫砂茶壶，几乎是脚底生风、横冲直撞、目中无人地行走在众人的眼神里。路老师有些许斜视，但我一直觉得这反而更好——这样最能体现老师傲视天下的气概。

　　路老师教我们高中语文三年、送我们上大学。对我来说，路老师不仅是一位科任老师，更是一位特立独行的老派文人。总结路老师的

为人、为师，以下两点当属最为突出者。

一、老师的为人，怪异但悲悯

　　从某种意义上说，路老师是非常"怪异"的人。

　　路老师常对周遭一切人与事"嬉笑怒骂"，完全不加掩饰。我们大多数学生，尤其是语文学习不努力者，自然最为畏惧他。课堂回答错误，或者作文成绩不佳时，路老师会当堂破口大骂，关键是有时候他自己还面红耳赤、气得发抖。学校许多年轻老师也怕"老路"，常常绕着他走，因为若他们在为人处世、教

---

①注：本文已见刊于《中国教师》2021 年第 12 期。

书育人方面稍有瑕疵，"老路"的批评也会毫不留情。记得老师在课堂上嘱咐我们要认真学习时就不止一次点名道姓地批评过几位年轻老师："成天皮鞋锃亮，还框（戴）个手表，肚子里全是稻草，有什么用？！"刚刚恢复高考那几年国家还比较穷，要谈情说爱的青年老师好不容易买双皮鞋、戴块手表，现在想来实在算不得什么。但当年路老师大概就是看不惯他们业余时间不抓紧时间学习（他自己则是睡着了手里还攥着书的），所以故意在大庭广众之下骂人，明里骂的是年轻同事，但主要还是骂给我们学生听的。这也导致我们上语文课的体验，就像坐过山车——时而很嗨，因为老师总能让人沉浸在语文的美好里；但倘若有人稍不认真，老师就会立刻让我们尝尝暴风骤雨、雷霆万钧的滋味。

路老师怪异的另外一面，就是他对众生的无限悲悯。记得有个周末，路老师按照学校要求步行十余里到我家做家访，和父亲聊得正开心时，突然拔腿就跑，原来他发现我母亲正在捉鸡——杀一只鸡招待远道来访的老师（贵客），这在当时的农村是较为常见，也最为纯真的礼数。我至今仍然清晰记得田埂上路老师一边飞跑，一边挥手和我们说"再见"那种"落荒而逃"的可爱模样。

路老师业余还是一个"郎中"。出身中医世家的他可以医治若干种精神病。但凡有人来找，老师无论远近都会前去问诊，可是他治病也有"怪异"的地方：一是遇到他治不好的，他会毫不含糊地告诉人家他治不了，然后扭头走人；二是他看病常常不收钱，但病治好后病人或者家属可以不拘一格地感谢他，送一只鸡或者数枚鸡蛋即可。

二、老师的教学，偏执而痴情

路老师的语文教学可谓成绩斐然，其最主要的表现并不仅仅是我们的高考成绩不俗，

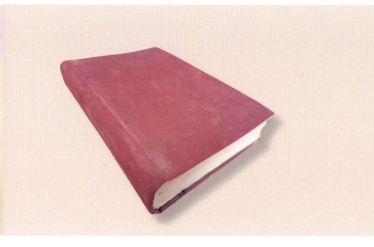

路华青老师送给作者的手工笔记本　　　　　路华青老师所赠笔记本的扉页（第一页）

而是学生们多认为他让我们领略了语文之美、从此终生喜欢语文。

老师的教学是执着甚至是偏执的。比如直到高二，他还要求我们练大字（毛笔字），每天一页，即便班主任投诉到校长那里（因为高考是不会考什么书法的）也不为所动，原因是他坚定地认为："字，是人的门面！"

再有，老师常常被同事认为"不顾全大局"，因为他占用太多课余时间帮助我们"补语文"。记得当年班主任丁老师曾经为此和路老师大吵一场，路老师寸土不让，而丁老师则坚定地认为学生要考上大学单靠语文一科成绩好是不行的。那个夜晚，两个男性吵架的声音极大，响彻了整个校园。现在想来比较好玩的是，20 世纪 70 年代末，几乎没有奖金之类的好处，老师们争抢课余时间给学生补习并为此面红耳赤，纯粹是"臭老九"们"翻身解放"后工作热情高涨的表现！

老师对我们几个语文成绩好的孩子，简直喜欢得不得了。业余时间，他常常召唤我们到他的办公室，教我们当时高考完全不会考的"平平仄仄仄平平"。虽然我到最后也没有掌握老师特别希望我们掌握的格律，但老师吟诵古典诗词时的那种陶醉，却已让我们一辈子都心向往之。高考范围之外的许多诗篇，如"绿遍山原白满川"之类，我至今仍然能够倒背如流。

实际上，路老师教学偏执的另外一面，其实是对语文、对教育、对学生的真诚与痴情。

1991 年，我在母校皖河中学执教 8 年之后，考入北京师范大学读研究生。路老师高兴不已，竟然手工制作了一本厚厚的红布封面的笔记本相送。笔记本的扉页上，老师用工整的行楷写满了鼓励的话，并勉励我七律一首——

皖水经年沃野流，

荣枯稻麦自春秋。

平畴拍起垂云翼，

路华青老师所赠笔记本的扉页（第二页）　　　　　路华青老师所赠笔记本的扉页（第三页）

沧海轩然映古丘。
举目古今当褒贬，
驰心中外善开收。
回观翠竹空藏节，
永葆英姿再上楼。

沉醉于散文之美的神情如在眼前。

2020 年 4 月 3 日，于京师园三乐居。

　　买一本笔记本送人，尤其是送升学的学子，是当年较流行的做派。用手工制作的笔记本作为贺礼，老师的用心、老师的本事，自然最为特别。而这一最为特别的礼物也随我辗转南北几十年，一直珍藏于我随手可以及的地方。

　　老师的离去竟然也是特别的。恩师溘然仙逝于 1995 年清明节"做清明"（上坟）的路上。

　　写就此文时，不知为何忽忽想起朱自清先生《背影》中最后一段的那一句"在晶莹的泪光中，又看见那肥胖的，青布棉袍，黑布马褂的背影"。先生的背影早已远去，但路老师当年在课堂上为我们朗诵《背影》这一名篇时

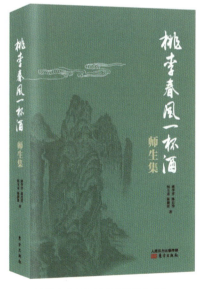

路华青先生和其学生作品的合集

安徽师范大学校园风景

11 一个时代的群像
——我的大学老师们①

我是 1979 年上大学的。77、78、79 级，后来被人（社会学研究者）称之为"新三届"。"新三届"一个很突出、也很重要的特征在于，同一届学生之间年龄差距极大。由于"文化大革命"期间断考多年，积攒了许多未参加过高考的学生，所以当时高考录取率奇低，脱颖而出者的确多是"聪明的家伙"。此外，由于当年招生年龄不设限（到 1980 年才有考生年龄不能超过 25 岁的规定②），一些"老三届"的同学，年龄几乎是我们应届生的一倍，故虽坐在同一间教室，年龄上看却近乎两代人。

记得当年曾经有一老大哥半开玩笑地对我说："檀传宝，你不能没大没小，喊我'老李''老李'的！"我请教他应该如何喊，他大笑，答曰："喊我李叔叔啊！"

"新三届"学生有特色，教师群体也同样有许多后来大学所没有的特色。于我个人而言，一些有特色的老师，已经成为我大学时代五彩记忆的一部分。

"F 木匠"

"F 木匠"是我们班同学给一位 F 姓老师取的绰号。虽有不恭，却事出有因——F 老师

---

① 注：本文已见刊于《中国教师》2021 年第 10 期。
② 编者注：这一规定在 2001 年又被废除。

完全没有基本的专业自信，也可能就是因为压力太大，所以常常在上课时大汗淋漓。这还不打紧，关键是他完全没有当时一般大学知识分子从容地掏出漂亮又整洁的手帕擦汗的那般做派，F 老师会时不时抬起自己粗壮的左胳膊（右手要拿粉笔），直接用白衬衫的长袖从右到左、从左到右地擦拭他满脸的汗水——像极了那些干体力活的"老大粗"——于是他就有了"F 木匠"这个绰号。

彼时"文化大革命"刚刚结束，我们绝大多数人不仅如饥似渴地投入学习，行为上也都非常"守规矩"。比如对于"F 木匠"，我们虽然有意见（如有同学公开说，若让他上堂去讲，肯定比"木匠"讲得好），却也没有公开"造反"，路上遇到他时我们也仍然会很礼貌，但心怀鬼胎地喊一声"F 老师"。后来可能是因为系里知道了实在不像话的实际情况，不久，F 老师就没有再来上课，我们也就没有再怎么遇到过 F 老师了。

不知道其他同学的感受，时过境迁，我每想到 F 老师时，心里常常会为私下喊过他"F木匠"而深感内疚。因为某种意义上，F 老师本人实际上还是非常认真、努力的（不然也就不会老冒汗）。是时代让他没有受到应有的高等教育，却又被选留在大学里从教，还十分尴尬地遇上了我们。

文老师

如果 F 老师是一个极端，文秉模教授就是另外一个极端了。

文老师是我们的系主任，讲课高妙之极，为人和蔼可亲，长相堪称风流倜傥。用现在的话说，文老师是"大先生"也是"帅哥"，我们则都是他的"粉丝"。

文老师给我们讲了西方哲学史的第一讲，后来又给我们讲了黑格尔哲学。他给我们上课的那两个上午，大概是我们全班本科四年最幸福的时光之一。那时"文化大革命"刚刚过去不久，文老师一开腔就十分坚定地对我们说："要想学好哲学，就一定不要低估唯心主义。"接着就讲了他本人留学苏联时，一到莫斯科就信心满满地与唯心主义代表——教堂里的神父叫阵、论辩，最后落荒而逃的经历，希望我们引以为戒。"没有唯心主义，就几乎没有哲学！"大批特批唯心主义的"革命"时代刚刚结束，老师那句话当时给我们的震撼极大，到现在还在我的心头萦绕。

文老师讲黑格尔之前，单老师已给我们讲过康德。虽然单老师讲得也不错，但是康德哲学只给我们留下了一个"难"的印象。文老师带给我们的对黑格尔的印象，就完全不同了。在黑板上写上清秀的三个大字"黑格尔"之后，没有任何八卦、任何花絮，文老师只是一个概念、一个概念，一个命题、一个命题地讲下去，整个上午，教室都处在掉一根针都能听得见的状态。我们全班八十多名同学（不知道为什么，我们专业一个年级八十余

人却没有分小班）都是如饮甘醇，如痴如醉，大气都不敢出地听完了老师的四节课的。不仅如此，下课后，我们还鱼贯而入，将市新华书店积攒了几十年的黑格尔《小逻辑》一书的所有陈货（我买到的那本，订书钉已锈得很厚了）一扫而光。许多稍后赶到书店的同学遗憾没有买到，而我们"幸运地"买到的同学则打开书就看，可最终却没有几个人能坚持看到十页以上——显然，对于刚刚开始本科学习的我们来说，即便是号称比较通俗的《小逻辑》，也仍然太难了。我们越想就越觉得文老师了不起——他竟然不讲一句笑话、废话，就像唠家常那样深入浅出地给我们讲完了黑格尔哲学！后来我们通过打听才知道，文老师是新中国成立后第一批留苏的学子，会六种语言，也是当时国内数得着的能直接阅读黑格尔德文原著的专家之一。若不是"文化大革命"中"反修、防修"（他曾与一苏联女子结过婚）被下放到地方，他本来该在中国社会科

学院哲学研究所上班的。可以说正是老师人生的不幸，才成就了我们的幸福人生。

专业精湛的文老师多才多艺。他喜欢踢足球且踢得非常好，毕业晚会上还一下子用六种语言唱同一首《莫斯科郊外的晚上》来为我们送别。1982年，我在《青春》杂志上发表过一篇小小说，在《青海湖》杂志上发表过一组诗，于是一些思想保守的老师便在背后说我"专业思想不稳固"。在我"压力山大"的时候，文老师在路上遇到我时，专门为小小说的发表竖起大拇指，表扬了我。我曾经为此激动过许久。

现在，才华横溢、风流倜傥的文老师已经离开我们很多年了。但每每想起他，我的心底总会有一种特别的美好。

张老师、吴老师

张茂新教授、吴鹏森教授都是本科毕业在大学工作的老师。这在现在已绝无可能，但当时的大学没有几个研究生，故"学习好"的本科生留校任教算是平常事。张老师是"文化大革命"前北京大学历史系的毕业生，是我们中国哲学史的科任老师之一，也是我本科论文的指导教师。吴老师则是本系77级的学长，因成绩优秀，他留校工作后成为指导我毕业实习的老师。当年学风淳朴，教风也严谨，无论毕业论文、毕业实习，成绩为"优秀"等级的学生数量都不允许超过参评学生总数的四分之一。而我在两位老师的指导下，毕业论文、实习两项都获得了十分难得的"优秀"等级。当然，最能让我记住两位老师的，绝不仅仅是他们给我的成绩，而是他们给予我的温暖。

我的毕业论文题为《从〈论语〉看孔子的哲学思想》。做法是先认真反复研读《论语》，而后找到《论语》中我认为属于唯物、唯心、辩证法、形而上学的"证据"并进行分类，最后用这些"证据"证明孔子的哲学思想既是唯物的，也是唯心的，既有辩证法的成分，也有形而上学的倾向。那时"文化大革命"结束不久，为孔夫子翻案的这样一种"观点"，还算是有新意的。最初的论文指导老师据传为臧宏教授。臧老师是一位在中国哲学上学养深厚的老师，他只翻看了一遍我的论文初稿，就对我说："要倒版从来。你这完全是在用当代人的概念肢解两千多年以前的孔子！"虽然多少年后我已彻底承认臧老师批评得完全正确，但当时的我却是沮丧之极，但又心有不服。"幸运"的是，系里正式公布论文指导老师的名单时，我被分配到张茂新老师名下了。我将同样的文稿呈送老师，张老师的态度却截然相反。他大为赞赏地对我说："非常好！"其理由是："一个本科生，能有自己的主张，且做到了有理有据、逻辑严谨、语言顺畅，就是好论文了！"张老师温和地笑着，鼓励我顺利完成了论文的最后修改。

吴老师是我的老师，更像我的兄长。我觉得他自己也可能是这个感觉。多年以后吴老师到北京出差，我去看他时，他还对我说，你当年就是个"小鬼偏儿"（家乡话，相当于"小萝卜头"）。我们那时的教学实习严谨之极。我们要先完成教案，后在实习小组内讨论完善，再在大学教室里试教一遍，获得吴老师认可后才能去中学课堂正式施教。我上第一节实习课时紧张至极，下课铃响起时我还如在梦中，脑子里一片空白，完全不知道自己说了些什么。好在我看见坐在后排的吴老师、我实习小组的同学们和全班学生都一起起身，为我鼓掌叫好。吴老师还特别对我说："你的授课时间把握得特别好！"——的确，当我说完："今天的课，就讲到这里。"下课铃声刚好响起。

有一傍晚，我在路上遇到吴老师。老师劈头问我："又发表作品了？"我说没有呀。他又说："你去阅览室找最近这一期的《清明》，上面刊发了你的散文《香火》！"于是我一路狂奔到图书馆，找到最新一期大型文学期刊

安徽师范大学校门

《清明》，我那篇三千多字的散文果然已经变成铅字了！除了指导我实习，这算是吴老师和我的生命交集的另外一个幸福的节点吧。

对学生来说，分数、文凭都很重要。但在张老师、吴老师的身上，我深切体会到了好教师最明显、也最重要的一个特征，那就是，好教师定会将对教育事业的热爱转化为对学生的关切、欣赏、呵护、鼓励。

温暖，从来都是好教育最突出的品质。

在农村中学工作8年，经过硕士、博士、博士后阶段之后，我也成了大学教师。不同的学习、学段，也让我有了好几个母校。本科学习时能遇到这样一群特色鲜明，既给我学术营养，又给我人生温暖的老师，实在是我毕生的幸运之一。我过去就读的系，现在已经分化成几个学院了。作为这几个学院"真正的院友"，我也常常回到这些温暖之地。一些老师，如敬爱的文秉模教授，已经不可能看到这篇感恩的文字了，但我仍然希望能以这篇短文致敬母校所有的恩师。

2021年7月11日，于京师园三乐居。

附记:

拜访文老师侧记

我还在上大学的时候就知道了文秉模老师,到北京读书也经常看文老师的书,毕业到芜湖工作时老师叮嘱要去拜访一下文老师。一年半过去了,我还没去。这两天我决定去看看老先生。

在去之前,我有点忐忑,打电话和老先生预约时,说话有点结巴,好在老先生听出来是一位年轻人去看他,连声同意,于是我便前往先生家。但是我不太清楚老先生家的具体位置,只是知道大概,于是便问人,几乎转了三圈,才在一位老师的指引下找到了老先生的家。

轻轻敲门,老先生亲自开门将我让进去。我以前没有见过老先生,所以有点紧张,但是看到文老师和张师母一脸笑容,聊了一会儿也就如沐春风了。

学者良心

文老师让张师母给我泡了一杯茶,知道我是李毓章老师的学生,就连连点头,当得知我现在到北京师范大学做西方马克思主义方向时,便说有意义,值得做。我们的话题也就这样打开了,我也看到了老先生一脸的精神(他年前曾经患病),话语也多起来了。

老先生说:"马克思主义要发展呀,不能忽视西方马克思主义的研究。我们直到1979年后才开始对马克思形成真正意义上的研究,而西方比我们早呀。马克思主义作为科学,怎么不容许学术批判呢,为什么害怕批判呢?"他提到自己写过一篇关于马克思和卢卡奇的文章,结果编辑不敢发表,层层上报。直到最后,编辑也没有看出文章有什么问题,有什么逻辑漏洞,才打电话向他表示抱歉。所以文老师说:"马克思主义可以批判,但是不能没有根据。这就要求我们学者要吃透理论,联系实际看问题,不要生吞活剥,要灵活掌握资料。"他举了一个例子，如异化这个问题。

学好外语

只要是与"外"字头打交道，就不能不学好外语。文老师的主要专业是外国哲学（他们那个时候叫西方哲学），这样外语就是必须要掌握的一个工具。文老师知道我的专业是外国哲学，就说外语太重要了，不要急着发表东西，评职称也不是主要的，先掌握工具，然后再发表论文也不迟。他笑着说："古人不是说，磨刀不误砍柴工嘛！"然后就谈及自己学习外语的经过。文老师是朝鲜族人，30年代出生于吉林延边，那个时候的吉林已经被日本占有，日本在东北的学校教育中全面推行日语教学，这样文老师从小学便开始学习日语，尽管当时学习日语是被动的，但是语言学习本身并没有什么坏处，多掌握一门语言对于以后的阅读和研究总是有益的，所以到

日本投降，滚出东北，文老师也就基本掌握了日语，而他在语言上也就和他的同龄人相比多了两门语言，朝鲜语是他的民族语言，他不能不会，而小学学习的则是日语。由于周围都是汉族兄弟，日常交往使用的都是汉语，所以汉语还是成了他的主要语言。

中华人民共和国成立前后，俄语成了许多学校要求学习的外语，这样文老师又学习了俄语。1955年文老师被派到莫斯科大学学习哲学，俄语便成了他学习和研究外国哲学的重要语言。但是在莫斯科大学，很多老师熟练应用德语和希腊语，文老师就一边学习专业知识，一边学习德语与希腊语。在奥伊则尔曼的指导下，他阅读专业类的德语和希腊语著作，不仅语言能力得到了提高，专业能力也得到了系统的训练。关于这一点，文老师提到了"异化"这个概念，他说，德语中关于"异化"这个词的汉语翻译，明显就没有俄语好，因为俄语对翻译表达为"另一种存在"。他说，

其实哪有什么异化，如果说"异"，那就是排斥、对立，俄语不用"异"来表达，而是用"另一种"来表达，对立和冲突明显小得多了。如果我们在20世纪80年代不用"异化"这个词来看待当时的思想状况，或许今天的改革发展得更好。老人说到这里时，眼眶有些湿润，目光投向远方，似乎在搜索着什么。而我也就默默地等待着先生的眼神再转回来。但是我当时在想：这是先生的一种外语情结呢，还是他在怀念着一种难忘的文化呢？先生在莫斯科大学学习了好几年，是拿到副博士学位回国的呀！

先生一直带研究生的课程，每次上课他都强调学习外语的重要性。他在谈话中不无惋惜地说："如果当时张传开老师（文秉模教授的学生、安徽师范大学教授）年轻的时候好好学习外语，以他的钻研和刻苦精神，今天肯定能够有更大的作为，但是没有好的外语，就不能掌握第一手资料，就永远只能跟在别人后面研究了。"这个时候先生更多的是惋惜和期许，他甚至自责地说："那个时候要是我能够严格要求像传开这样的老师，那么今天或许是另一番情景啦！"我只好在旁边说："学习还是自己的事情，您不必自责，况且张老师现在做得也是非常好的呀！"这个时候先生又微笑了，并颔首道："传开肯下功夫，钻劲大，基础很扎实！"那种看到后来者做得好的高兴心情我时常能够想起！

先生还提到学习语言要坚持不懈，不能断续。直到20世纪90年代末期，先生还能够和来访的德国萨克森州的文化教育部长用德语聊天。有一次，客人说到东德和西德统一了，先生反问道："难道这是两个民族吗？"这意味深长的反问，我当时听了莫名其妙。离开先生家，我才明了先生的用意，原来先生的意思是德国一直就是一个民族，先生并不是认为客人表达得不对，而是将自己多年的对伟大思辨民族的情感灌注在这个反问中。

要懂得数理化

受当时大氛围的影响，先生主要研究的是德国古典哲学，尤其是黑格尔的哲学。当然研究黑格尔不能离开康德。先生在莫斯科大学读书的时候就已经将阿耶穆斯的《康德》进行了深入仔细的研读，这本著作直到29年后才翻译成中文，先生看的是俄文版。可见先生的阅读、研究和学习语言是紧密结合的。

先生一谈到黑格尔就很兴奋，神采奕奕，根本看不出是位大病初愈的老人。学习哲学的都知道黑格尔的核心是欲悬终点为起点，自我发展，循环往复的一个过程，这其中最主要的就是他的辩证逻辑思维。先生说："张世英是国内研究黑格尔的专家了，张先生写过研究黑格尔逻辑学方面的著作，但是在这本著作里面，张先生没有将质变到量变说清楚。"文老师不无自信地说："我们都容易将量变到质变讲清楚，但是质变到量变却不好

说，原因是什么呢？原因是没有很好的数理化基础。只有有了好的数理化基础，解释质变到量变也就不难了。"我因为不懂，也就不好插嘴，只能静静地听先生讲。先生指出，我们国家学习哲学是属于文科，其实哲学是爱智慧之学，岂止文科，所有的知识都离不开哲学的指导，甚至人生也有很多哲学问题，而哲学又哪能离开所有的具体知识呢？先生这个时候又将目光投向远处，缓缓地说："苏联要求学哲学的必须学习数理化。"话语中饱含着对哲学事业的热爱，流露出对民族，对国家的学者情怀！

谈话接近尾声的时候，先生就笑着问我有没有看康德的书。我说看是看了，可能理解得不好。先生就说："你能谈谈康德哲学中先天、先验与时空之间的关系吗？"于是我就说在北京上学的时候，苗先生的弟子给我们上课的时候谈起过，并鹦鹉学舌了一遍，还将先验和超验的不同也一并说了。先生高兴地

文秉模教授在寓所和青年教师宣庆坤
博士的合影（2007 年）

说："很好，很好。那你知道这两个词的德语分别是什么吗？"我就将我看到的说了出来，先生这个时候边微笑着边掏出了香烟，问我抽不抽。我连连摆手说不会。先生抽烟的时候看着我说："烟还是不要抽的好，不过看书看得累了就想抽支烟！"趁此机会，我赶紧说："曾经在网上看过先生的照片，但是还没有看过先生您抽烟的照片，我拍一张照片如何？"先生默许了。我很快给先生照了一张抽烟的照片，临走前又请师母为先生和我合了一张影。

坐在灯下，看着文老师抽烟的照片，我想到了很多很多，但更多的是先生那搜索、自责、期许、忘情的目光，它在我的心中挥之不去，沉淀成我对先生的永远的记忆。

附文作者为安徽师范大学副教授宣庆坤博士。

萧焜焘教授

12　病榻上的君子

——萧焜焘教授的风范[1]

　　能遇到好老师，实在是一种人生的幸运与幸福。

　　非常荣幸，当年我们南京师范大学教育学原理专业的博士生几乎都是哲学大家、东南大学哲学与科学系教授萧焜焘先生的"亲传弟子"。因为萧老师与我们导师鲁洁教授的友谊，他曾经一届又一届地给我们义务讲授西方哲学流派、黑格尔的精神现象学等课程（鲁洁老师希望我们能借此了解西方哲学，提高理论思维）[2]。虽然我们不是哲学专业的学生，许多内容听起来不免费力，但是每一届同学都是怀着虔敬的心理走近先生，听老师娓娓道来的。我于1993年入读南京师范大学，当年秋季起就和同门们一起每周去老师家听课。不过我们那一届比较特殊的是，那年萧老师已经病重（糖尿病、高血压等），一半课是在江苏省人民医院的高干病房（萧老师担任过江苏省社科院副院长）里给我们

---

　　① 注：本文已见刊于《中国教师》2022年第1期。

　　② 鲁洁教授在《学术是他的生命》一文中说："他（萧焜焘先生）热情地为我们尽了6年不取报酬的义务。"（出自《碧海苍穹：哲人萧焜焘》，70页，南京，南京大学出版社，2000）

上的，原定半学期的课也断断续续上了一整年。所以，萧老师对我们来说，是一位"病榻上的先生"。

"病榻上的先生"

1990 年，萧老师在自己的回忆录《生之欠》中说："我一生有不少有褒有贬的称号，但最使我心醉神怡的只有一个，那就是'老师'。"在为自己的教学成就自豪的同时，他也曾认为自己作为老师"极大的缺陷"是"不少学生认为我难以亲近"。但是我们遇到的实际情况却是：每周固定的时间，无论是在老师的家，还是后来在病房里，萧老师永远都是微笑着迎送我们，每一节课都让我们如沐春风。

倘若不是老师有一次让我们看他浮肿的双腿，我们甚至都不知道他已经饱受疾病折磨多年，且实际上已经来日无多了（先生于

1999 年 3 月 1 日离世）。在南京兰园的先生家里，特别是在江苏省人民医院的病房里，我们曾经多次请求先生暂停授课，希望等他好一点再继续。但是萧老师决绝的回答往往会让我们再也无法说什么。有一次他看我们实在着急，就说了一段宽慰我们的话："你们不要客气。你们知道吗？你们来听课的时间是我一天中最开心的时候。给你们讲课，至少可以让我暂时忘记疾病的痛苦啊。在这个世界上，还有多少年轻人愿意花整整一个半天时间来听一个老头唠唠叨叨讲没有多少实用价值的黑格尔的精神现象学呢？"

岁月流逝，加上大家都不是哲学专业，《精神现象学》的具体内容，比如"意识""自我意识""理性""伦理精神""宗教""绝对知识"，等等，我们大多已经忘记。但是"（黑格尔的）思想是火焰。范畴像水一样是流动着的！"（萧老师语）等生动诠释带给我们的方法论启示，却让我们终身受益。我个人一直对我的研

萧焜焘教授在病房坚持给博士生上课（1994 年）
左一为作者，右一为杜时忠
（现为华中师范大学教授）

究生，尤其是博士生们，强调概念之间的推演、文章内在逻辑的贯通等，就是深受萧老师的影响。

老泪纵横的时刻

可能因为上的是哲学课，也可能是因为其儒雅的人格，萧老师上课时的样子总是从容不迫、慢条斯理的，脸上多带着温和的微笑。但是也有特别的时刻。记得有一次课间闲聊，感叹于个别干部严重腐败的现象，先生一下子老泪纵横。这让我们在场的所有学生都震惊不已。

平静下来后，他对我们说："你们去雨花台（烈士陵园），看见的只是一些'照片'而已。可是我去看见的，许多是我的老师、同学，活生生的人哪！我们当年拼命，就为了建设一个更加公平正义的新中国。我们要对得起那么多为国捐躯的烈士！"后来我们才知道，若不是李宗仁的和平谈判成功，宣布特赦政治犯，萧老师很可能早已成为雨花台的"照片"了。

那一天，萧老师坚定地告诉我们说，他之所以努力克服病痛，坚持给我们上课，一个重要的动力是希望我们相信：历史发展是有规律的。社会主义运动虽有曲折，但科学社会主义本身是完全符合历史必然性的。他希望中国的社会主义实践能够战胜形形色色的拜金主义，也希望我们能做推进历史发展的"种子"——只要有"种子"在，人类就有希望！

不管人们是否认同黑格尔、马克思的哲学，也不管人们如何评价社会主义运动，每每回想起那一时刻，我都会清晰地记起：这个世界上，曾经岿然站立过一位真诚、理性的学者，一位满怀悲悯、大义凛然的共产主义者！

岂知问候即永别

1999 年 2 月 16 日（己卯年大年初一）上午，我在北京给萧老师电话拜年。萧老师特别高兴，和我聊了许久。他对我说："传宝，你知道吗，我一生最自豪的事情之一，就是你们鲁洁老师的几乎所有博士生我都给上过课！"他还俏皮地和我说："你这个电话来得正是时候，晚一点，你就打不通啦。医院只'批准'我在家里待到 10 点钟，待会儿我就得收拾东西走人了！"我询问他的身体情况，他还是非常乐观地安慰我。但他也说最大的遗憾，就是他已经无法完成他上课时和我们说过的哲学三部曲（《自然哲学》《精神哲学》《科学认识史论》。《精神哲学》未竟）了——他的眼睛起初还能模糊看见，现在完全看不见了；课程起初还可以口授、录音整理，现在恐怕口授也难以坚持了……那一刻，我虽在嘴上宽慰着老师，心里却是难受至极！"学术是他

的生命"，鲁老师说的一点没错。但也正因为如此，当他轻描淡写地说出恐怕完成不了自己的哲学三部曲时，我知道他的内心是多么的不甘！

因为萧老师得病十多年，且一直有较好的医疗条件，那天我还天真地认为，说不定春暖花开时，先生还会像过去一样好起来！但是非常可惜的是，1999 年秋天，一位同门告诉我，萧老师已经于当年春天仙逝了。当时我一方面为自己能在拜年时与老师有过较长一段聊天而有些许宽慰，另一方面又觉得十分哀痛：早知问候即永别，无论如何还是应该多听听萧老师亲切、温暖、从容不迫的湖南腔！

谢谢您，敬爱的萧老师。我们虽然在南京师范大学博士毕业，但也都是东南大学萧先生的学生。

2020 年 3 月 23 日，于京师园三乐居。

南京师范大学张乐天教授在阅读此文后，通过微信发来的感受：缅怀萧先生的文章已读，自有共鸣。二十多年前先生为我们讲课的情景立刻清晰地呈现在眼前，万般亲切，仍如春风拂面一样。记得我们是在随园校区幼教楼听萧先生授课，总是在每星期中的某个下午，先生带我们走近黑格尔，走进精神现象学。这对我们或许是一种艰难的跋涉，但有着先生的指引，我们还是鼓起勇气，努力攀登，因为心中被点燃崇高与圣洁之光。与萧先生在一起，经历的是多么纯情和高洁的求学探索。真的很怀念先生，很感谢先生！听先生授课记下的笔记有厚厚的一大本，一直在好好地珍藏。（2020年3月24日）

华东师范大学刘晓东教授在本文的微信推文后写道：萧老师对我们的影响深远至今。有幸聆听萧老师两个学期的哲学课。当时萧老师刚离休，我们几个南京师范大学的博士生在他兰园的家中听课，一学期上黑格尔精神现象学，另一学期上欧洲哲学史，接受专业且系统的西方哲学启蒙。他有理科功底，偏重自然哲学、自然辩证法、科学史、黑格尔精神现象学等研究，会通古今中西文理，思想缜密。他是哲学家，更是体现新文化运动余绪的革命家。他有红色思想基调、强烈的现实关怀、现实批判和忧患意识，他年老多病而有青春热血情怀，每每在哲学谈论间涉入社会批判，以早期革命时期的理想评量社会百态而多次声泪俱下，动人心灵……幸哉，我辈青葱岁月遇此良师！亦感谢先师鲁洁老师送我们入萧宅学习一年。高山仰止，景行行止，虽不能至，心向往之。致敬两位大先生！（2022年1月13日）

华东师范大学校园风景

13   触手可及的温暖
——忆华东师范大学三前辈①

华东师范大学和北京师范大学，无疑是中国教育界的南北重镇。作为国家教育学科的"双璧"，两校都为国家教育事业、教育学术的发展做出了突出贡献，同时两校教育学科之间也常常有些许"瑜亮情结"——实际上更多的是一种有意义的相互竞争、砥砺的关系。作为北京师范大学教育学科的学子、学人，我最真切的体会一直是，无论华东师范大学还是北京师范大学，教育学科的老先生，都是我们后学者共享的精神营养之源。我个人则对华东师范大学的许多前辈心怀敬佩、感激之情。其中，以

与瞿葆奎、陆有铨、陈桂生三位先生的交往，最受教益。

瞿先生

20 世纪八九十年代，瞿葆奎教授因主编《教育学文集》等成就，对中国教育学术发展、人才培养贡献巨大，自然成为许多年轻学子崇拜的对象。我第一次见先生是在 1994 年 10 月。当时正在南京师范大学读博（二年级）的我到上海"游学"，由同门雷鸣强兄"带着"（鸣强兄本科、硕士均毕业于华东师范大学）去先生办公室拜见了仰慕已久的瞿葆奎

---

① 注：本文已见刊于《中国教师》2022 年第 3 期。

瞿葆奎教授（2002年）

先生。彼时的瞿先生面容清瘦而神采奕奕，大有仙风道骨之感。由于先生和蔼、耐心的接待，我们在先生那里放肆神侃了一两小时。

我们只有很少的寒暄，大部分时间都是先生征询我们对由他发起的元教育学研究的意见。为了在先生面前"表现"自己，我和鸣强竞相发言，似乎"讨论热烈"。不过，我回到南京师范大学在图书馆认真阅读了瞿先生等人已经发表的许多元教育学研究的论文之后，才十分尴尬地发现：自己在先生面前侃侃而谈的内容，大部分都是错的（比如我把元教育学看成对教育根本问题的研究，而元教育学实际上是对教育研究的研究，研究对象应当是教育学学科而非教育的实体问题）。为此，我汗颜、惭愧了许多年。比较奇怪的是，在与先生交流的那一两小时，一直微笑着的瞿老师竟然一次也没有纠正过我发言中暴露出来的明显的错误！先生这种"看破不说破"，保留"面子"，激励自我成长的教育家风范，实实在在地让我

从此记住了什么叫不言之教。

那次拜访还有一个细节也让我一辈子都感恩先生。我当年（1993年）是硕士二年级考博的，属于跨学校"提前攻博"。考前我曾经同时给瞿先生和我后来的导师南京师范大学鲁洁教授，写信表达提前攻博的学习愿望。可能因为工作忙或者问清学校有关规定并不容易，瞿先生同意我报考的回信比鲁洁老师晚了一个多星期，我因而最终选择报考了南京师范大学。在与先生相见之前，我曾经十分忐忑，不知该如何向先生表达这一抉择有些"对不住"先生的心情。但瞿先生在热情接待我们时，却完全没有提及此事，我心里的压力也就自然云消雾散了。

读博期间，我发表过很多文章，但是最令我自豪的却是我在先生主编的《华东师范大学学报（教育科学版）》上发表的那篇约两万字的论文——《关于席勒的两个命题的阐释——兼论审美活动的善性》。这篇文章后来还被中

陆有铨教授访问英国时的留影（2011 年）

国人民大学复印报刊资料《美学》头版头条全文转载（见《美学》1996 年第 3 期），也算是一棵希望"报得三春晖"的春苗对先生教泽的最好感谢吧。

　　瞿先生已经仙逝很多年了，但他 1994 年 10 月的笑容犹如温暖的阳光，永远铭刻在我的心底。先生签字相送的《教育学文集（教育与教育学卷）》也一直呈放在我的书架触手可及的位置，而"传宝同志参考"那几个字，我更是常常给学生们展示，激励学生们努力前行。

陆老师

　　大学时代老师众多，母校的老师都是"老师"。故现在许多年轻人已将给自己上过课的老师（或导师）叫作"亲老师"，以区别于广义的、泛泛交往的大学教员。陆有铨教授虽是华东师范大学的教授，却是我的"亲老师"之

一。原因是，在 20 世纪 90 年代时，陆老师（陆老师是上海人，调入华东师范大学之前先后在山东师范大学、上海教育学院任教过。给我那一届上课时，陆老师还在上海教育学院工作）曾经是南京师范大学教育学的兼职博导，还亲授过我们一门《西方教育哲学思潮》课程。

　　如果说瞿先生留给我的美好是"严谨而宽容"的话，陆老师给我最深刻的印象就是"率性和幽默"了。《西方教育哲学思潮》是系列讲座的形式，记得要持续讲十多天（十讲左右）。后来被收入煌煌七十万字的《躁动的百年：20 世纪的教育历程》（山东教育出版社于 1997 年，北京大学出版社于 2021 年都出版过此书）。书中的许多内容，都曾在课中给我们详细讲过。陆老师讲课幽默、隽永，常常将许多哲学思考的个人体验与我们分享，比如老师就对我们几个男生说过曾经将自己关在斗室之中一整天"了无牵挂"（赤裸身体）地阅读、思考萨特的著作，以体验萨特等人的自由与选

择等概念的真义。课后的时光，陆老师常常和我等博士生推杯换盏，师生都常常笑得前仰后合，老师完全没有大教授的架子。我虽无酒量，但是也乐在其中。

博士毕业后我回到母校北京师范大学工作，常常在不同场合见到陆老师。但陆老师在京朋友、学生者众，我们能够尽情交流的机会并不多，我曾经半真半假地抱怨说想请他吃一次饭太不容易。为此，有一次他在北京开会间隙，专门打电话对我说："这次你来请客，就我们俩！"于是我们俩就在北太平庄一个小馆子里小聚了一次。那一次，海量的陆老师执意不喝酒（他知道我几乎没有酒量），却点了醉虾等上海菜品，并一一解释个中奥妙。我一直不敢吃活虾，但从那以后我也开始欣赏醉虾等江南美食了。

我最后见到陆老师，是在2018年的暮春（2019年先生逝世）。那年，我在上海师范大学教授陈建华兄（陆老师当年指导的博士生）

的陪同下，专程去医院探望过卧床多年，已经不太认识人的陆老师。握着先生的手，建华兄和我都十分不舍、不忍。回宾馆的路上，我不断安慰自己说："刚才隐约看到老师的脸上有些许笑容了！"

"南陈"

在教育理论界，一直有"北成南陈"一说。"北成"指北京师范大学的成有信教授，"南陈"则是指华东师范大学的陈桂生教授了。"北成""南陈"的研究风格并不一致（成有信教授著述不多，但曾经在《中国社会科学》上连发数篇高质量论文，若论这一指标，教育学界至今也鲜有人能望其项背；陈桂生教授则著作甚丰，尤其在退休后更是一发不可收），但他们在追求教育基本理论研究的思想深度、抠概念、研究态度特别"较真"等方面，又颇有一致的地方。这也许是"北成南

陈桂生教授在北京师范大学给博士生授课
（2017 年），右为黄向阳博士

陈"说法的由来。

我最早见到陈老师，是在 1994 年 10 月去拜访瞿葆奎教授的路上。校园里见一老者埋头骑着一辆旧自行车，车后架上压着一大沓牛皮纸信封。雷鸣强兄大喊"陈老师"，陈老师下车、寒暄，我才知道老者就是大名鼎鼎的陈桂生教授——他正准备去邮局，那些牛皮纸信封装的都是准备给各家杂志的稿件（陈老师的解释是，一次寄一批，省得来回跑）！

2010 年起，我开始主持北京师范大学教育学原理专业的博士生课程"教育基本理论前沿"。陈老师做学问极其认真，对许多概念、命题追根溯源，语用分析的功夫了得。我一直希望能邀请先生到北京师范大学给博士生们做一次讲座。只是陈老师年事已高，轻易不肯出山，邀请到北京来讲学估计更不容易，所以蹉跎了许多年。后来我在华东师范大学的好朋友黄向阳兄（陈老师的学生）的帮助下，鼓起勇气数次电话请安，顺带"晓以利害"（如

教育学术及精神要薪火相传，特别需要老前辈言传身教等），并发出最诚挚的邀请，最终获得了陈老师来京讲学的应允。

2017 年 10 月 19 日，陈老师的讲座"教育学究竟是怎么一回事？——略议教育学的基本概念"在北京师范大学英东楼正式开讲。陈老师对教育、教养、课程、教学等概念的由来、内涵及语用如数家珍、娓娓道来，大有"谈笑间，樯橹灰飞烟灭"的王者风范。北京师范大学教育学原理专业的学生每一届不超过十个人，陈老师也嘱咐听讲者"最好不要超过二十人"，但是那一天，教室里座无虚席，慕名而来的老师、学生挤满了整个教室。在北京师范大学的演讲结束后，提前得知消息的朱晓宏教授（也是陈老师指导过的学生）还"见缝插针"地邀请陈老师于次日到首都师范大学教育学院做了另外一场精彩讲座，场面也是盛况空前。

那次讲学，还有一个值得铭记的重要细

节。我事先和陈老师商定的讲学时间是 10 月中下旬，但是 9 月初就收到了陈老师寄来的一个大大的"牛皮纸信封"，里面是陈老师一笔一画手写的，总共 22 页之多的讲义（后来公开发表，并收录于教育科学出版社 2020 年出版的《教育思想的花园——教育基本理论前沿讲座》一书）。陈老师还在来信中解释说："由于不善言辞，故草拟一份讲话提纲"，以便提前分发，讲课时可与学子们"就提纲中的主题或相关问题进一步讨论"。同时先生反复嘱咐我，讲学活动应"只在教育本身，不搞虚应故事（如领导出席、宴请招待等）"。

转眼已经过去数年了，陈老师手书的讲稿及来信，一直是我秘不示人的宝贝。

2021 年 9 月 7 日，于京师园三乐居。

附记：

　　黄向阳博士在读完本文初稿后在微信里（2021 年 9 月 8 日）发给作者以下两条有关陈桂生教授的信息。

　　01　陈老师今年因脑梗跌倒住院，虽然恢复得不错，但估计他再也不会远行了。如果真是这样的话，2017 年的北京之行，便是他最后一次远行了。

　　02　另外，上次陈老师托我送给你的那本书（《教育学究竟是怎么回事：教育学辨析》，上海教育出版社 2020 年版），主要部分其实是一系列论文的合成。触发他写那一系列论文的，就是那次你请他到北京讲学的远行。

下篇 / 先生们的思想

01 诺丁斯与她的关怀[①]教育理论[②]

关怀理论是当代德育理论中的重要流派之一。这一理论最重要的代表人物当属美国当代著名的教育哲学家、德育学家内尔·诺丁斯。

在诺丁斯之前，以强调道德教育中情感因素为主要特征的教育理论还有英国教育学家麦克菲尔（Peter Mcphail）在 20 世纪六七十年代提出的"体谅模式"。麦克菲尔认为与其他人友好相处、爱与被爱是人的基本需要，因此，帮助人们实现这一需要就是教育的首要职责。道德教育应当以"体谅"（consideration）为核心来组织，应当帮助学生摆脱恐惧和怀疑，以培养学生给予爱和接受爱的能力为核心目标。道德教育不仅要传授道德规则，更要培养态度，塑造行为，并提高解决问题的能力。接着他通过对青少年的三次大规模调查证实了自己的假设，并以此为基础设计了《起跑线》（*Start Line*）、《生命线》（*Life Line*）等系列教材。这些教材由贴近学生生活的情境构成，能够激发学生的兴趣，同时在教学上也非常灵活，可以和其他学科穿插融合，曾经在实践中受到广大师生的欢迎。

但是麦克菲尔的"体谅模式"更多的是从实践的角度来考虑德育问题：他的理论假设就直接来自实证调查，最后的落脚点则是建构一套具体可行的德育模式。因此"体谅模式"不论是在理念上还是在方法上都带有很浓的经验性，缺少系统牢固的理论基础，这也是人们对他批评最多的地方。

和麦克菲尔相似，诺丁斯也认为单纯的道德原则并不足以产生道德动机。她曾经特别援引一些调查资料证明：人们的道德行为大多是出于同情和关怀，是一种直觉的、情感的反应。因此她特别强调：道德教育首先应注重道德情感的培育。但是与麦克菲尔不同，诺丁斯首先是一位教育哲学家，她的实践建议

---

① 本文"关怀""关心"都是指英文"caring"一词。
② 注：本文应《人民教育》之约写作，发表于该刊 2014 年第 2 期。

及理论建构均有缜密的哲学思考和坚实的理论基础。

和麦克菲尔相似，诺丁斯也认为，每个人在人生的各个时期都需要得到人们的理解、接纳、尊重和认同，因此关怀他人和被他人关怀都是人的基本需要。但是特别重要的是，诺丁斯认为关怀不是一种"美德"，而是一种"关系"。没有关系，就没有实质上的关怀。关怀的维持和巩固既需要关怀方对关怀对象的需要做出反应，也需要关怀对象认可和接受对方的关怀行为。这样关怀双方在关怀关系中就是平等、互惠的。正是因为道德生活源于"爱"和人与人之间的"联系"，我们在教育上才应当不断建立、维持和增强这一关怀关系。

受多元智力理论的影响，诺丁斯主张人的智力是多种多样的，除了语言智能和数理智能以外，运动、人际、空间、音乐以及自我知觉等都应算作人的智能。不仅人的智能是多元的，而且每个人的天赋、需要和兴趣也是各不相同的。当代学校教育出于"民主""平等"的考虑，为每个儿童提供所谓一视同仁的"博雅教育"（liberal education）[①]，但现实中的博雅教育往往过分强调知识的学习，特别是划一的语言能力和数学能力的培养，从而忽略了学生内心的感受、需要和幸福，忽略了学生能力的多样性和个体差异。因此，很多学生反映教师和学校对自己漠不关心[②]。这不但使学校的教学效果大受影响，而且使学校不能有效地对学生发挥引导作用。从这个意义上说，诺丁斯的关怀理论也建立在对当代学校教育进行严肃批判的基础之上。

真正的教育到底应该如何组织？诺丁斯提

---

① 博雅教育的目的不是培养学生从事特定职业的能力，而是要发展人的一般能力。通常包括语言、文学、精细艺术、数学、科学以及历史等学科的教育。

② 参见 Nel Noddings, *The Challenge to Care in Schools*, Teachers College Press, 1992, p.1 中 1989 年美国的一项研究，该研究表明只有三分之一的学生认为他们的老师关心自己，只有 7% 的学生说自己有问题可以去咨询教师。

议用一场"思想试验"来建构自己的教育模式——假设我们要抚养一个大家庭，家庭里的每个孩子都各不相同。这时候父母或教师都不能单方面决定教给孩子什么，而必须和所有人（包括孩子）"对话"，通过充分有效的交流和沟通来决定对孩子的教育。诺丁斯认为学校教育的目标也应当是多元的，不能仅仅局限于学术能力的提高。既然关怀是人的普遍需要，因此我们可以以关怀为核心来组织整个教育。而关怀本身就包括很多不同的领域，包括对自我的关怀、对亲密的人的关怀，对有联系的人以及远方陌生人的关怀，对非人类的动植物的关怀，对人造的工具和物品的关怀以及对思想的关怀等。围绕不同的关怀中心会涉及不同的态度、知识和能力，教育可以由此逻辑展开。诺丁斯强调不同的关怀领域需要的态度、知识和能力是不同的。关怀身边的亲人和朋友、亲戚并不意味着愿意帮助素不相识的人。有的罪犯会精心培育花草，但对自

己的同胞却可能麻木不仁。正是由于关怀的认识、态度和能力在不同的关怀领域之间不一定具有迁移性，我们有必要学习各个不同的关怀领域。

正因如此，诺丁斯才以关怀为核心，根据不同的关怀领域及其涉及的主题、知识、态度和技能等设计了一套不同于现行教育的课程体系，并且提出了榜样、对话、实践、认可等十分具体的德育方法的建议。

与关怀教育理论相关，诺丁斯近年十分关注孩子的学习生活质量，倡导教育要为孩子当下与未来的幸福服务；同时也关注全球范围内的竞争与合作议题，积极倡导"和平教育"。这两个重要思想集中体现在她的《教育与幸福》《和平教育》两部 21 世纪著作之中。

2011 年年底，耄耋老人诺丁斯专门来北京师范大学公民与道德教育研究中心展开她唯一一次中国内地的学术之旅。2012 年，《人民教育》刊发专稿《子诺子言——诺丁斯教

授北京行纪》，报道她在北京的事迹。两年之后，《人民教育》决定刊发诺丁斯教授的演讲稿《关怀伦理与中小学教育》，对远在大洋彼岸的教育家表达最高敬意。作为诺丁斯的友人与粉丝，我很高兴有机会向读者补充介绍我所了解的一些背景性信息，以方便读者更好地阅读、理解诺丁斯。

附记：以下为《人民教育》于 2014 年刊登的诺丁斯 2011 年年底在北京师范大学演讲的录音整理稿①

关怀伦理与中小学教育

内尔·诺丁斯

人总是处在各种关系之中。我们的人生开始于关系，我们一开始便是母亲的一部分。我们个体的发展也离不开关系。我提出的关怀伦理，就是一种关系伦理。这意味着教育应当从关系入手，而不是从个人、个体开始。

在关怀伦理中，需要探讨处于关系中的关

① 内尔·诺丁斯简介：斯坦福大学教育学院教育学博士，斯坦福大学、哥伦比亚大学教授。在获得博士学位之前，诺丁斯曾经在初中、高中做过 15 年的数学教师和教育管理者。获得博士学位伊始，诺丁斯就开始在教育哲学、教育基本理论、伦理学等诸领域开始其学术研究工作，尤其是在道德教育及关心伦理方面卓有建树。诺丁斯是美国教育学会前主席，她不仅在教育哲学领域做出卓越的探索，而且对真实的生活世界，包括日常生活、职业生活、实践活动等，也有深刻的洞见。

怀和被关怀者所扮演的角色。关怀者要非常专注，非常注意倾听被关怀者，倾听他们的需要。当关怀者感觉到了"动机移位"时，"关心"这个过程就发生了。什么是"动机移位"？这个概念其实很简单，就是关怀者暂时把他所想的和正在做的一些事情先放一边，而把注意力转移到被关怀者身上。举一个很简单的例子：当你看到一个小孩在试图系鞋带时，你会感觉到自己的手指头也在跟着动。这就是我所说的"动机移位"，即注意力完全转移到了孩子身上，动机能量从个人流向了被关怀者。当我做数学老师的时候，让学生解答一个问题时，很多时候也能体会到"动机移位"。我看到学生非常努力、辛苦地试图解决一个数学问题，有时候我的手、心都在跟着学生一起动。

关于关心和"动机移位"，最重要的一点就是对方的"反应"。"反应"是关怀伦理和传统伦理最大的不同点。被关怀者对关怀者的反应是关怀伦理最重要的环节。但这并不意味着被关怀者要对关怀者报以感激，要鞠躬、要五体投地。我们需要的，只是从被关怀者身上得到"被关怀者接受了我的关心"这样一个非常积极的反应。在生活中，我们可以发现这种关心是真实的，特别是和关心、关怀有关的职业当中，我们可以看到"反应"这种关系是多么重要。在护理行业，很多护工曾经告诉我，在照顾病人时，病人在接受了护工的关心之后表现出了一种放松状态。这种状态使得他们觉得完成了关怀关系。也就是说，只有病人向护工表达出他接受了他们的关心，护理过程中的关心关系才算完成。教育也是一种典型的和关心、关怀有关的职业，学生的"反应"是非常重要的，只有学生做出了反应，教育的关怀关系才得以完成。

"关心"有两种形式，一种是我所说的关怀关系，另一种是美德意义上的关心。关怀伦理注重的是如何建立、维系以及加强关怀者和被关怀者的关系。在这种关系中，倾听非常重要，要专注地倾听被关心者的需要。但在教育当中，无论在中国还是在美国，很多教育政策、教育实践都是植根于我们想当然地认为学生有哪些需要。比如课程设置实际上就是来自教师、决策者、成人对学生需要哪些课程的一种主观判断。我们认为学生需要这个、不需要那个，所以我们建立了一整套的课程。

事实上，我们必须去考虑学生的需要，去了解学生"需要什么"。几乎所有的老师都可以称得上是美德意义上的教育者。他们勤勤恳恳地工作，声称自己知道学生需要什么，他们总会对学生说："我所做的一切都是为你好，你现在不理解，但总有一天会理解的。"我们不能说，这样的教师是完全错误的，但是重视关怀伦理、重视关系的教师会更加认真地了解学生的需要，更加积极主动地了解学生需要什么。教师一定要改变让全体学生都学习同一种课程的现状，去发现学生的不同

兴趣、不同发展路径，再来决定教师能够帮助学生什么。

富于关心的教师，总是试图为学生营造一个感觉舒服的环境。英国小说家乔治·奥威尔（George Orwell）在回顾自己的学校生活时说，学校里的规章制度、教学、人际关系使得他不可能成为一个好学生，这是一个非常痛苦的经历。所以，教师应该着重在教室里建立一种良好的气氛，在这种气氛里，学生会自然成长。毕竟，学生在内心深处都是渴望自己成为好学生的，也愿意倾听老师所说的。有的教师很重视课堂里的规章制度，但是我认为在关怀关系中，课堂中的规章制度应该尽量少，我们不依赖这些规章制度和惩罚措施。马丁·布伯（Martin Buber），著名的德国犹太哲学家，在课堂教学方面有很多真知灼见。他说，有时教师似乎不需要说太多，只需要伸出你的手指，这时候学生就知道你想要做什么了。有的时候学生不需要长篇大论，不

需要苦口婆心的说教，老师的一个表情就会使学生了解老师的意思。这就是我们试图达到的教与学的状态。在教育中，我们不仅要使学生学习数理化等知识，而且还应该使学生成为一个有道德的人。美国的一些学校有专门的道德教育课程，叫品格教育或道德教育。但我不认为这是一个好主意，因为每个教师天然是一个道德教育者。设置道德教育专门课程的一个后果是，其他教师认为既然有专门的教师进行道德教育，那么我们就不需要对学生进行道德教育了。

从关怀伦理的角度出发，我认为学校的道德教育包括以下四个部分。

一是榜样。这并不是一种教师有意识地塑造的榜样，不是像演员那样主动的、有计划的，而是一种自然而然的榜样。榜样应该是一种生活方式，是一个教师每天非常自然的行为。最重要的是在课堂、在学校里建立起富于关心的人际关系、气氛和文化，榜样在这之中便起到非常重要的作用。

二是对话。我认为它在四个部分中最为重要。它意味着交谈和倾听。老师每天在不停地说，但是如果教师要想成为有效的关心者，就必须停止说话，有效地倾听。同时，还应该尝试让学生也成为关怀者，主动去关心别人。心理学家非常重视让学生发展同情别人的能力。如果一个十几岁的孩子，出口伤人，怎么办？从传统的伦理学角度出发，教师会说，如果别人对你说同样的话，你会怎么样？这不是一个最差的选择，但这种说法是有局限性的。我们还有一个更好的办法。我会说："要是别的孩子听到这些话，他会怎么样？"让说错话的孩子设身处地地站在那个（受伤害的）孩子那边想一想。

三是实践。成人需要提供机会，让孩子去实践。作为教师，我们应该提供机会让学生一起工作、互相帮助。这听起来很简单，但在实践中很难，因为中国和美国的校园里都有互相竞争的情况，很多青少年在学校里不愿意与其他孩子分享自己的信息。竞争与协作总是无处不在。我到中国后，每天都读《中国日报》。从这份报纸中，我看到了中国现有的许多问题，它们也同时存在于美国。我感觉到一种在世界范围内形成的合作氛围。同时，竞争现象还是普遍存在的，为争夺第一的竞争无处不在。假如IMF（国际货币基金组织）的成员国都想成为第一，怎么办呢？每个国家都在这场竞争之中，但我们必须超越简单的竞争。在21世纪，应该超越竞争思维去求得更好的发展，用协作来获得和平与繁荣。

四是认可。这种认可是发现孩子身上的闪光点。为了这种认可，我们必须了解孩子。举例来说，假设你抓到一个考试作弊的孩子，如果你了解他，你就可以说："我知道你这样做是为了让你的父亲开心，但是你本可以选择另一种更好的方式。"然后，你说，你可以是一个更好的孩子。这将会成为孩子的一次特殊经历。当他下次想要作弊时，就会想到你曾经说的。这并不是一件复杂的事，不需要方程式，每一名教师都能做到。

从关怀伦理出发，学校改革应该走一条精简的道路。课堂规模一定要小，这不仅在教学，而且在教育研究上也很重要。在美国，一些政策制定者说，中国课堂非常大，学生成绩照样很好。但我们应该从不同的角度来看待这个问题，我们教育的重要目的是培养出幸福快乐的学生，但现在学校教育已经变成一个非常紧张的状况，学生和老师都不快乐。我做老师已经很久，当我憧憬和学生交流时，我感到非常快乐，因为我希望和学生一起讨论，而不是紧张地告诉同学要做哪些作业或者是考试。这就是为什么我强调小规模教育的原因，因为我可以和学生做一对一的交流。

另外，教育应该注重连续性。如果同一组老师和学生一起生活超过三年的话，效果将会比只在一起一年好，所以连续性很重要。

当然这种连续性必须基于自愿、不能强迫。当我跟学校管理者说这些的时候，他们说这是一个好主意，于是回到学校强迫教师教学生三年。但效果并不好，因为学生不会喜欢跟自己讨厌的老师一起生活三年。于是我告诉学校管理者，他回去可以向老师和学生说："你们愿意一起共同生活三年吗？"作为一个领导者，你其实在行使一个关心者的角色。在学校行政者当中，你不能要求老师做什么，一定要商量，要倾听他们的需要。我有一些事例可以支持这一看法。在研究生教育过程中，最重要的是学生和导师建立的关系。研究生或者博士生能够有成就，很大程度上取决于他和导师建立的这种关系。为什么不能把这种思维模式运用到其他方面呢？我的第一个教学任务就是在六年级当一名全科教师，即要教授每一个科目。但我所受的训练是高中数学。这是一项全新的尝试，那时候我非常年轻，刚刚结婚，我已经完成了我的学业，而我的

丈夫还在上学。他下课以后会陪男生玩篮球，我们一起教孩子跳舞、下棋，像一个家庭一样。学期结束时，校长问我是否愿意继续教这班孩子。因为下一年这些孩子该读初中了，他们会转到另一个初中。校长的意思是，要是你愿意，学生也愿意，那么你们可以在这个学校继续学习，不需要转到那个初中去学习。最后，只有三个女生选择离开，其他学生决定留下来。我们在一起继续了三年，干了很多事情，比如说办报纸。在学校餐厅，稍大的孩子可以指导较小的孩子。在这种互帮的关系中，作为教师的我不需要去维持秩序，年长的学生会告诉小孩子说："你妈妈要你吃这个苹果。"可以想象那三年的工作经历是多么美好，到现在我还能叫出他们的名字，我们还见面和通信。这个经历是非常有力量的，使年轻的我感到很充实，这比我教了孩子们多少数学知识更重要。

后来我的工作进行了很多调动，但不管我

在哪里教书，我都强调这种连续性。我总想和同一组学生一起生活超过三年，我会选择一个连续的课程，从简单到复杂，就好比从初一教到初三。很多学生我已熟悉，教书从一个非常正式的方式变成一个非常友好的方式，第二、第三年，你说话的方式和第一年相比，都会不一样。大家想想，这不会花费太多。很多教育改革尝试都是要花钱的，但是有很多改革是不需要花钱、我们一样能做到的，像对教师提出来的"需要了解学生"，像连续性的教育教学。当然这意味着将赋予教师更多的责任，一个高中生的三年都是被一个数学老师教的，如果到高三的时候，你发现这个学生在数学上还差很多，你不能责备这个学生，因为是你从高一开始就教这个学生。最后，我想引用马丁·布伯的话，是我特别欣赏的一句话，他说："信任，相信这个世界，因为我们作为人而存在，这是在教育中我们所能达到的极致，因为我们作为人而存在，因为我们彼此相信，我们生活充满意义，我们心中真理永存。"

02 爱的解释及其教育实现
——孔子的"仁"与诺丁斯的"关怀"概念之比较①

尽管存有时代及思想上的巨大差异，孔子与内尔·诺丁斯，这两位中美两国相隔数千年的思想家关于教育爱及其实现的有关论述，仍然有许多令现代人惊奇的交集。以《论语》以及诺丁斯的代表作 "*Caring: A feminine Approach to Ethics and Moral Education*"② 两本著作为文本，进行"仁"与"关怀"概念的比较不难发现：在爱及其关系性、动机移置、情境性、愉悦体验等方面，两大概念都有着十分明确的共性。此外，所谓女性思维其实是人类思维的整体超越，男性一样可以有女性的关怀伦理；关系性思维不仅是关怀的具体建议，更是一种重要的方法论；教育爱永远都是具体的，因材施教是最重要的教育原则。以上

结论对于教育实践中仁爱与关怀的理论解释和有效实现，无疑都具有十分重要的意义。

一、背景与问题

现代社会是一个人与人较为疏离的社会③，仁爱、关怀等在社会生活、学校教育中日益珍稀而重要。而仁爱、关怀等教育爱的理论解释、有效实现，一直是困扰教育理论与实践的重大难题之一。先秦儒家的代表人物孔子，以及当代关怀教育理论家诺丁斯，无疑都是这一领域最重要的言说者，今天我们特别需要从他们有关人类之爱的深入论说中不断汲取有益的精神营养。虽然一中一美、一古一今的两位思想家在时空上相距甚远，孔子的语录体与诺丁斯体系化的现代学术话语表达风格迥异，他们的思想体系与具体内容更

---

① 注：本文已见刊于《教育研究》2019 年第 2 期。这次收录前已做适当修改。

② 北京大学出版社 2014 年已出本书中文版，译者武云斐，书名译为《关心：伦理和道德教育的女性路径》。本书引文均译自英文版，后文简称为《关怀》。
————本文作者

③ ［德］孙志文：《现代人的焦虑和希望》，陈永禹译，67 页，北京，生活·读书·新知三联书店，1994。

有许多不同，但是相隔 2500 余年的两个思想体系的核心概念"仁"与"关怀"①却有某种有趣而重要的交集②。故以《论语》和《关怀》为文本进行两个概念的比较、寻找教育中仁爱与关怀的深度解释与实践之道，就成为一项极有意义的工作。

本文之所以选择《关怀》作为文本与《论语》进行比较，是因为《关怀》在关怀教育理论的代表人物诺丁斯 20 多本个人专著中是系统论述关怀理论的奠基之作③。而选择《论语》

和《关怀》作为样本进行比较，最重要的是希望回答以下三个问题。

第一，在思想内容、表现形式均存在明显差异的前提下，孔夫子的"仁"与诺丁斯的"关怀"概念有无真正意义上的共同点？如果有，其具体内容、理论逻辑以及文本证据是什么？

第二，男权主义者孔夫子会有女性主义的"关怀"（caring）思维吗？孔夫子无疑是男权主义者，"唯女子与小人难养也。近之则不逊，远之则怨。"（《阳货·25》）这样的论述就是明证。而诺丁斯却是女性或者女权主义的重要代表人物之一。若孔子都可以有女性思维，则可以验证诺丁斯所主张的——女性主义，其实是对所有人类个体（无论男性、女性）已有思维局限性的一种整体（而非单一性别思维的）超越。

第三，"仁"与"关怀"等范畴，从来就不仅仅是理论概念，"仁"与"关怀"是生活与教育的实践哲学主张。孔夫子的"仁"与诺

---

① 即"caring"，除了译为"关怀"，也有译作"关心"者。——本文作者

② 2016 年年底在诺丁斯教授新泽西海边的家里，内尔曾经很认真地对笔者说，她的"关怀"与孔夫子的"仁"很相似。这是本文作者展开这一概念比较研究的一个个人性但却十分重要原因。——本文作者

③ 诺丁斯著述甚丰，论述关怀、关怀教育的著作也很多。为了研究的便利和准确，我曾经直接电邮求助诺丁斯教授，询问哪本书最适合做关怀概念论述的代表性样本与孔夫子的"仁"进行比较。她本人也明确推荐选择《关心：伦理和道德教育的女性路径》一书。——本文作者

丁斯的"关怀"的概念之比较，对于教育领域有关爱的解释与实践是否有启发，又有何意义？

那么首先，以《论语》和《关怀》为文本进行比较，人们能够发现"仁"及"关怀"两大概念存在哪些具有重要意义的相同点呢？

二、两大概念的交集

（一）仁者爱人："仁"及"关怀"的核心内涵

第一个相同点，当然是对所谓"爱"的概念解释。

毫无疑问，孔夫子的思想核心或者《论语》的核心概念是"仁"。孔子本人对"仁"的解释也很多（"仁"字在《论语》中出现过109次），而"樊迟问仁。子曰：'爱人。'"（《颜渊·22》）就是孔子最简洁、经典、核心的"仁"的界定。孔子不仅主张仁者爱人，而且做到了知行统一。比如《论语》中记载有"厩

焚。子退朝，曰：'伤人乎？'不问马。"马厩里的"人"当然是一般劳动者，由此可知孔夫子这一情境中的"爱人"其实是不分阶级的。在《关怀》一书中，设身处地地"爱人"或者"关怀"表述也比比皆是。比如诺丁斯说："当我们把他人的现实作为自己的可能性时，我们必须去行动，以消除无法忍受的事、减少痛苦、满足需要并实现梦想。当我处于和他人某种关系时、当他人的现实成为我真实的可能性时，我关怀。"[1]我们必须去采取"关怀"行动，以消除（他人）无法忍受的事、减少（他人）痛苦、满足（他人）需要并实现（他人）梦想，当然就是孔子所说的"仁者爱人"。

除了关切他人、爱护他人，孔子与诺丁斯的另外一个鲜明的共性就是反对"抽象的爱"。比如《论语》记载"子曰：'弟子入则孝，

---

① Nel Noddings, *Caring: A Feminine Approach to Ethics and Moral Education*, Berkeley，University of California Press, 1984, p.14.

出则弟，谨而信，泛爱众，而亲仁……'"（《学而·6》）"仲弓问仁。子曰：'出门如见大宾，使民如承大祭。己所不欲，勿施于人。在邦无怨，在家无怨。'"（《颜渊·2》）可见在不同场合、对不同对象，"爱人"的具体表现完全不同。诺丁斯则干脆宣示："我反对普世的爱的观念。（因为普世的爱）除了有最为抽象之感、且让人心烦意乱，它也很难实现……我们必须更为近距离地分析爱和关怀。"①

由此可见，"仁"与"关怀"两概念在核心内涵上的相同点有二：一是"仁"与"关怀"的核心都是"爱人"；二是"仁"与"关怀"都应当是具体的道德实践，而非仅仅是抽象的伦理原则。

---

① Nel Noddings, *Caring: A Feminine Approach to Ethics and Moral Education*, Berkeley, University of California Press, 1984, p.29.

（二）关系性（relationship）："仁"及"关怀"的内在机制

"仁"与"关怀"之所以应当是具体的道德实践而非抽象的伦理原则，很重要的原因是因为真实的爱只存在于"关系"之中，或者说有不可剥离的"关系性"。

"仁"字，从人、从二。在中国文化中最早的写法是"尸＋二"，本意就指人与人之间相互亲爱的"关系"。在《论语》中，孔子的学生有子很好地解释了孝、悌之德与"仁"的关系："其为人也孝弟，而好犯上者，鲜矣；不好犯上，而好作乱者，未之有也。君子务本，本立而道生。孝弟也者，其为仁之本与！"（《学而·2》）孔子本人则直接说"弟子入则孝，出则弟，谨而信，泛爱众，而亲仁。行有余力，则以学文"（《学而·6》）"出门如见大宾，使民如承大祭。"（《颜渊·2》）由孝、悌逐渐延伸"爱人"的逻辑于社会生活、社会治理。人际"关系"扩展了，"仁"的实践也拓展了。

鉴于《论语》有云"子钓而不纲，弋不射宿。"（《述而·27》），则我们还可以推定，孔子的仁爱已经推及动物（如小鱼、归鸟）。换言之，在孔子看来，社会关系不同，仁爱的表现也不相同，足见仁爱与"关系"密切相关。

诺丁斯一个最有创造性的关怀概念解释，就是认为"关怀是一种关系"，而非一种先于关系而存在的所谓"美德"："关怀涉及两个主体：关怀者和被关怀者。当双方都满足的时候关怀才得以完成。"[1]而由于只有女性会通过生命的孕育、哺育等生活实践最为直接地感受人与人之间的"关系性"，所以诺丁斯才说："我认为那种强有力、可持续的（关怀）伦理实际上是一种不同的世界。它应该建立在为女性所熟知的自然关怀的基础上。"[2]在诺丁斯看

来，基于血缘的自然关怀十分重要，伦理关怀只不过是自然关怀的延展。而关怀的延展，也就是通过关系的"链接"（chains）将不同的人际关系"圈层"（circles）联系在一起了："关系的链接建立了。一些基于内圈层而链接了未知的个体；一些链接则建立整个潜在的关怀圈层。我通过意识到这些链接而准备好去关怀。"[3]

（三）设身处地（motivational displacement）[4]："仁"及"关怀"的实践逻辑

若我们承认"仁"与"关怀"具有关系性，而关系又是具体的，则设身处地，或者诺丁斯所言的"动机移置"（motivational displacement）

---

① Nel Noddings, *Caring: A Feminine Approach to Ethics and Moral Education*, Berkeley, University of California Press, 1984, p.68.

② Nel Noddings, *Caring: A Feminine Approach to Ethics and Moral Education*, Berkeley, University of California Press, 1984, p.46.

③ Nel Noddings, *Caring: A Feminine Approach to Ethics & Moral Education*, Berkeley, University of California Press, 1984, p.47.

④ "motivational displacement"一词已有"动机移置""动机移位"等不同译法。我认为最好的译文应该是"设身处地"。——作者

就会成为一种爱之有效实践的"必须"。

这一点孔夫子是有着十分卓越的论述的。在《论语》中，孔子说"夫仁者，己欲立而立人，己欲达而达人。能近取譬，可谓仁之方也。"(《雍也·30》)又说："君子成人之美，不成人之恶；小人反是。"(《颜渊·16》)"子贡问曰：'有一言而可以终身行之者乎?'子曰：'其恕乎! 己所不欲，勿施于人。'"(《卫灵公·24》)"己所不欲，勿施于人。在邦无怨，在家无怨。"(《颜渊·2》)。如果说"君子成人之美"是积极的道德，"己所不欲，勿施于人"则是伦理的底线。在《全球伦理：世界宗教议会宣言》中，以上论述已经成为"全球伦理原则"的重要内涵之一①。这一实践逻辑的魅力可见一斑。

如前所引，诺丁斯对于"关怀"的一个重要界定是："当我们把他人的现实作为自己的可能性时，我们必须去行动，以消除无法忍受的事，减少痛苦，满足需要并实现梦想。当我处于和他人某种关系时、当他人的现实成为我真实的可能性时，我关怀。"此外，诺丁斯还在论述"关怀"的本质意味时特别强调："领会别人的现实，尽可能近距离地体会他的感受，是从关心者角度看待关心的本质部分。"②

因此，我们可以从两位思想家的论述里看到这样一个实践逻辑：如果你要在关系中真正落实某种"仁"或者"关怀"，你就必须设身处地、认真考虑被关怀者的具体处境与感受，而这就涉及另一个问题——对被关怀者情境的理解。

---

① ［德］孔汉思、［德］库舍尔：《全球伦理：世界宗教议会宣言》，何光沪译，15 页，成都，四川人民出版社，1997。

② Nel Noddings, *Caring: A Feminine Approach to Ethics and Moral Education*, Berkeley, University of California Press, 1984, p.16.

（四）情境性（concrete context）："仁"及"关怀"的现实依据

有关"仁"的"情境性"的理解，除了有孔子那句"孝弟也者，其为仁之本与"的知名解释之外，"论语"中考虑情境不同而采取不同关爱行动的思维中，最为经典的莫过于孔夫子对于"孝"（"孝"是"仁"的重要表现之一）的解释——

孟懿子问孝。子曰："无违。"

孟武伯问孝。子曰："父母唯其疾之忧。"

子游问孝。子曰："今之孝者，是谓能养。至于犬马，皆能有养；不敬，何以别乎？"

子夏问孝。子曰："色难。有事，弟子服其劳；有酒食，先生馔，曾是以为孝乎？"

（《为政·5-8》）

孔子无疑是一个因材施教的大师。孟懿子、孟武伯、子游、子夏的家庭环境、亲子关系、脾气秉性俱不相同，所以同一个"问孝"，答案各不相同。你可以认为，关系不同，孝道的实践也不同。你当然也可以解释为对于父母的仁爱，应当依据具体的情境。

如前所述，诺丁斯也坚决反对普世和抽象的爱："除了有最为抽象之感，且让人心烦意乱，它也很难实现……我们必须更为近距离地分析爱和关怀。""我反对普世的爱的观念——即关心每个人的观念。因为它并不现实而且致使我们更多讨论抽象的问题而忽略真正的关怀。"[1] "父亲可能会为了遵守普世的原则而牺牲自己的孩子；母亲则可能为了保护孩子而牺牲原则。"[2] 所以，"关心者，无论男性、女性，都不会在抽象的原则或者事物中寻求心安理得。她追求对被关心者此地、此时的责

---

[1] Nel Noddings, *Caring: A Feminine Approach to Ethics and Moral Education*, Berkeley，University of California Press, 1984, p.18.

[2] Nel Noddings, *Caring: A Feminine Approach to Ethics and Moral Education*, Berkeley，University of California Press, 1984, p.37.

任，对当下情形以及对她和被关心者所规划的可以预见的未来的责任。"①

（五）与快乐相伴："仁"及"关怀"的情感体验

由于"关系性"、设身处地、情境性等，也由于孔子、诺丁斯都遵守由近而远（自然关怀到伦理关怀）的逻辑，他们的"仁"与"关怀"都不是勉强的伦理要求。而由于是从自我出发建立的积极伦理关系，"仁"与"关怀"也就不再是痛苦的伦理；与此相反，仁爱、关怀往往有与快乐（joy）相伴的积极情感体验。

《论语》中，颜渊问仁。子曰："克己复礼为仁。一日克己复礼，天下归仁焉。为仁由己，而由人乎哉？"颜渊曰："请问其目。"

子曰："非礼勿视，非礼勿听，非礼勿言，非礼勿动。"（《颜渊·1、2》）若孤立看，"非礼勿视，非礼勿听，非礼勿言，非礼勿动"的要求未免苛刻，但是若放到"为仁由己，而由人乎哉"的背景之下，你就可以看到一个岿然不动、大气而愉悦的人格形象。所以孔子才反复说"知者不惑，仁者不忧，勇者不惧"（《子罕·29》；《宪问·28》）孔子还由衷赞叹颜回说："贤哉回也！一箪食，一瓢饮，在陋巷，人不堪其忧，回也不改其乐。贤哉，回也！"（《雍也·11》）中国文化中的所谓孔颜之乐，其实就是与"仁"相伴的智者之乐、"里仁为美"罢了！

诺丁斯也十分明确地反对尼采等先哲将伦理原则与人生极度痛苦（anguish）体验关联的逻辑。相反，她认为："……我们的视角，根植于关系中，将快乐作为基本情感。当我看着我的孩子——甚至已经长大成人的孩子，意识到，在每个基本的关系中，我都经历着深深

---

① Nel Noddings, *Caring: A Feminine Approach to Ethics and Moral Education*, Berkeley，University of California Press, 1984, p.43.

的势不可当的快乐。它是我意识到并且渴望建立作为伦理基础的那种关系，意识到并且渴望随关怀的完成而来的快乐，它促使我们提升伦理承诺以维持关怀者的关系。""……快乐总是与关系的实现相伴的。与关怀的接受相伴的是种特殊的情感，它代表了关怀者所能获得的主要奖赏。在关系中感到快乐——无论是与个体的关系，还是与其他生物的关系，或者与思想的关系——它激励着伦理理想的成长。"①

孔子与诺丁斯将"仁"与"关怀"与积极情感体验联系起来的思维，也符合"德福一致"这一伦理学的公理②。若"仁"与"关怀"等道德不过是每一个个体完整自我的圆满完成，则人类就没有理由不为各自的人生成

就而由衷喜悦。在学校和家庭的道德教育中，要深入理解、遵循这一简单、朴素但是具有深刻真理性的原理，人们不妨进一步深入学习、体会两位哲学家的有关论述。

三、启发与讨论

以上是以《论语》和《关怀》为文本进行比较所得出的，孔子、诺丁斯关于"仁"与"关怀"相同论述的几点结论。两位关于"仁"及"关怀"的核心内涵、内在机制、实践逻辑、现实依据、情感体验的论述已然发人深省。若进一步思考，人们还能够从"仁"及"关怀"两大概念的上述论述中得到更多的重要启发。

第一，所谓女性思维其实是人类思维的整体超越，男性一样可以有女性的关怀思维。因为若男权主义者如孔子都实际上拥有诺丁斯所言的"关系性"思维，则关怀这一"女性伦理"当然就适用于所有人——无论男性或女

① Nel Noddings, *Caring: A Feminine Approach to Ethics and Moral Education*, Berkeley, University of California Press, 1984, p.132.

② 赵汀阳：《论可能生活》，112 页，北京，生活·读书·新知三联书店，1994。

性。这一点诺丁斯自己也讲得十分明确："我无意将男性与女性分裂为两个阵营。我更主要的是呈现在我们每个个体身上都体现着的男性和女性之间的巨大分歧，并建议我们应该在双方之间建立真实的、辩证的、本质的对话，以实现男性和女性在道德事务上的终极超越。"①

第二，关系性思维不仅是关怀的具体建议，更是一种重要的方法论。换言之，无论是教师或是家长，在"关系"没有有效建立起来的前提下，所谓"关怀"或者"爱"，都可能是美好但无效的努力。教育者往往抱怨自己为孩子"操碎了心"，被关怀者（孩子们）对自己的关怀毫不领情，却很少去思考这些失败的"操心"（教育者）的自身原因——关怀关系没有建立起来！在 2016 年年底那次与笔者面对面的交流里，诺丁斯也十分明确地强调

了她在《关怀》等书中多次解释过的关键论断：关怀是一种"关系"，而非一种（事先就存在的）"美德"；关怀是具体的，而非抽象的逻辑推演。前者使她的主张区别于美德伦理学，后者则使她与绝对命令等义务论的理性伦理保持距离。

第三，教育爱永远都是具体的，因材施教是最重要的教育原则。在《学会关心：教育的另一种模式》里，曾经在中小学做过十多年数学老师的诺丁斯却说："我心里十分清楚，不管你教得多么好，学生们的接受程度总是存在相当大的差异……我也怀疑，一些学生，甚至很多学生，可能永远都不明白数学推理的逻辑与魅力。我认为这部分学生应该享有发展其他方面才能的机会，而不应该被视为低于那些数学天才一等。"②诺丁斯之所以一再批

① Nel Noddings, *Caring: A Feminine Approach to Ethics and Moral Education*, Berkeley, University of California Press, 1984, p.6.

② ［美］内尔·诺丁斯：《学会关心：教育的另一种模式》，41～42 页，北京，教育科学出版社，2003。

评博雅教育（Liberal Education），不是反对这一教育概念所主张的教育平等与自由，而是反对其"将平等与相同混为一谈"①的逻辑。在教育过程中如果所有人都被削足适履，则"仁"与"关怀"等就一定会因为太过抽象、无感而失去伦理的实效。

　　"仁"与"关怀"都是实践哲学的重要范畴。以上结论对于教育实践中"仁"与"关怀"的理论解释与有效实现都具有极为重要的意义。当然，由于篇幅原因，本文未能对两个概念的不同点做出等量的分析与解释，而概念的相同与不同，都有重要意义。这一遗憾的弥补，完全可以寄希望于本领域研究的后来者。

2019 年 1 月 25 日，初稿于京师园三乐居。

---

① ［美］内尔·诺丁斯：《学会关心：教育的另一种模式》，41 页，北京，教育科学出版社，2003。

03　超越论教育哲学及其建构

——20世纪90年代鲁洁教授教育思想的特质①

20世纪90年代是鲁洁教授的学术高产期，也是其最重要教育思想——超越论教育哲学发轫、建构的重要阶段。超越论思想发轫于20世纪90年代初期，20世纪90年代中后期，鲁洁教授一方面将研究视角从德育功能研究转向对整个教育本质的思考，另一方面则努力将超越论建基于实践唯物主义方法论的理论基础之上。她不仅论述了德育的超越性本质，而且完成了对全部教育活动之超越性、价值性的独特阐述。鲁洁教授对于德育、教育超越性的论述所针对的，不仅是中国和世界教育实践中迫切需要解决的现实问题，而且针对的是传统教育学思维的诸多方法论误区。因此，超越论教育哲学在教育实践和教育理论建设上都有特别重要的价值。

鲁洁教授是当代中国不可多得的教育学家之一。她的不可多得，不仅在于她具有创造性的学术思想和一以贯之的学术人格，更为难得的是，在她年逾甲子的年纪，学术思维仍旧高度活跃，而且还不断有厚积薄发、引领潮流的作品问世。20世纪90年代是她的学术高产期，也是其最重要教育思想发轫、建构的重要阶段。鲁洁教授最重要的教育思想——超越论教育哲学就是这一时期的珍贵贡献。

作为她的学生，本人一直关注她的研究，但是一直无暇做比较系统的研究。2009年7月至12月，我应鸣门教育大学之邀赴日讲学半年，随身携带了鲁洁教授的论文集《超越与创新》，并有缘通读了文集②，这使我对鲁洁教授的教育超越论思想有了比较明晰的认识。本文希望就其"超越"思想的发展轨迹、主要内涵和重要意义等问题，做初步研究的尝试。

①注：本文已见刊于《教育学报》2010年第1期。

②　本文中"文集"除另有说明者，均指鲁洁所著《超越与创新》（人民教育出版社2001年版）一书。

一、超越论教育思想的发展轨迹

（一）德育功能的探讨与德育的超越性命题的提出

一般认为"20 世纪 90 年代中期至 20 世纪末，鲁洁教授将学术目光投向了教育理论更为核心的问题——教育的本质问题，教育与人的关系问题，创造性地提出了教育的本质在于超越的观点。"[1] 但是仔细阅读《超越与创新》不难发现，超越论教育哲学思想的发轫实际上应该在 20 世纪 90 年代的初期而非中期。

20 世纪 90 年代初，鲁洁教授的研究集中在对德育功能的系统研究上。文集中共收录 1990—1995 年论文 18 篇，其中直接研究德育功能的论文就占了 8 篇之多，其他 10 篇其实也多与德育功能研究有内在、直接的关联。除

了对于德育功能有十分系统和创造性的研究之外，正是在有关德育功能的具体研究中，鲁洁教授开始关注德育、教育的本质属性——超越性。

早在 1990 年第 8 期《教育研究》发表的《文化变迁与教育》中，鲁洁教授就明确指出："文化变迁是一种永恒的文化、社会现象，文化只能在不断变迁中获得发展和进步，这是一个不以人的意志为转移的客观过程。"[2] "文化的本质是创造的"，"主体的文化创造、创新能力的培养与提高正是教育所特具的功能。"[3] 尽管当时对于主体创造性的培育是在"能动性"的思维框架下表述的，但是，上述论述证明鲁洁教授已经开始关注到了文化及教育的超越性。

---

[1] 鲁洁：《超越与创新》，前言 4 页，北京，人民教育出版社，2001。

[2] 鲁洁：《超越与创新》，158 ～ 159 页，北京，人民教育出版社，2001。

[3] 鲁洁：《超越与创新》，167 页，北京，人民教育出版社，2001。

此后在德育的文化功能、经济功能、政治功能、认知功能、自然性功能、个体享用性功能的研究中，鲁洁教授都是一方面关注教育对于现实世界（包括人本身）的适应功能，又将更多的注意力越来越多地投向了德育超越性功能的阐释。其中最重要的一个维度就是有关德育享用性功能的研究。1994 年，在《试论德育之个体享用性功能》一文中，鲁洁教授已经明确指出："道德教育不仅要使人感受到掌握与遵循某种道德规范对自身来说是一种约束、一种限制、一种牺牲、一种奉献，而且应当使他们从内心体验到，从中可以得到愉快、幸福与满足；得到自我的充分发展与自由；得到唯独人才能有的一种最高享受。"① 而在一年之后，在《教育研究》上发表的《再议德育之享用功能——兼答刘尧同志的

"商榷"》中，鲁洁教授更明确地指出："德育的享用功能不是任何人任意赋予它的，而是德育过程之逻辑必然，它植根于德育的本质之中。""道德教育促使人的道德发展和完善，这一过程对受教育者来说，是一种精神的解放，自由与自主意志的弘扬，他们理应从中得到自我超越的快乐"② 鲁洁教授在 1994 年第 6 期《中国教育学刊》上发表了《道德教育：一种超越》一文，直接、全面地阐释了"道德教育的超越的本质"，并进一步指出"教育是指向未来的。从这个意义上说，教育的任何部分都具有超越现实的本性。"③ 至此，德育与教育的超越性命题均已明确提出。

历史地看，超越论思想的提出首先是鲁洁教授对于德育、教育如何应对时代挑战，以

① 鲁洁：《超越与创新》，256 页，北京，人民教育出版社，2001。

② 鲁洁：《超越与创新》，278、288 页，北京，人民教育出版社，2001。

③ 鲁洁：《超越与创新》，259 页，北京，人民教育出版社，2001。

及中国社会和教育历经种种反复甚或劫难后如何准确理解社会与教育、个人发展与教育关系等教育基本问题的思索直接关联的。因此不难理解，超越论的提出从德育功能论的研究中发端具有历史的内在逻辑。

（二）建基于实践唯物主义的超越论

从德育功能的研究过渡到德育超越本质的论证之后，20世纪90年代的后5年中，鲁洁教授的研究更集中于全部教育的超越本质的论述中。文集中收录的这一时期的11篇论文中，6篇直接涉及教育之超越本质的论述的就有6篇，而若论论述的篇幅，则超过全部论述的三分之二。

与20世纪90年代的前5年不同，这一时期鲁洁教授有关论述有两个特点：一是从德育功能的视角转移到整个教育本质的思考；二是开始从实践唯物主义方法论上着力夯实超越论的理论基础。前一特质无须太多证明，

只要看看这一时期论文的标题多是"教育"而较少"德育"就可窥豹。因此这里主要尝试描述鲁洁教授有关教育超越本质立论的方法论建构。

方法论的论述一方面是理论的基础，另一方面也与回应外界的质疑有关。超越论提出后，立即引起了中国理论界的关注和讨论。当时十分活跃的北京师范大学的博士沙龙就曾经专题讨论过教育的超越性课题[1]，《教育研究》杂志也曾专题反映过一批年轻学者对这一问题的研讨[2]。而从鲁洁教授的论述自身看来，她在超越论教育哲学建构伊始的时候就已经在自己的学术思维中进行过激烈、缜密的自我诘问。这可能也是她花较多精力从事方法论研究的重要原因。

---

① 可参考：《关于当代道德教育问题的讨论》，载《教育研究》，1996（7）。

② 可参考：（1）《当代道德教育理论研讨会综述》，载《教育研究》，1996（3）；（2）《关于德育超越性本质的讨论（笔谈）》，载《教育研究》，1996（3）。

超越论最初是针对"物质主义：时代的顽症"而在德育本质维度提出来的，但是鲁洁教授始终是一个真诚的马克思主义学者，因此，她的超越论的思想基础就是她本人反复表述的"实践唯物主义"。鲁洁教授的这一思维特质最早可以在她的《道德教育：一种超越》一文中找到印证。在那篇论文中，鲁洁教授就是从"传统社会发展模式的变更"推演"传统教育发展模式的转换"，进而提出"道德教育：在超越中提升"命题，认为"超越物质主义"的主张并非主观臆断而是社会实践的必然要求。这一论述线索显然遵循了实践唯物主义的逻辑。

在《教育的一种社会哲学思考》一文中，鲁洁教授明确提出，"按照马克思主义的社会哲学观点，教育可以定性为人类的一种社会实践。""教育在新的时代的特征，就是它成为一种独立的实践活动。""新时代的教育是一种从异化的教育——为物与关系所控制的教育，复归于人自身的教育。这种教育的全部目的在于使人自身得到发展，所谓人自身的发展，其实质是人的主体性的发展。""教育作为一种有目的的实践活动，它的内在就包含了超越性。因为一切实践活动的本质就是超越。"①在这篇文章的结束部分，鲁洁教授明确提出了"要实现我国的教育哲学观从适应论到超越论的根本转变"的任务。

此后，鲁洁教授在《教育：人之自我建构的实践活动》中更加明确地纠正了错误的实践观，系统论证了改造客观世界的实践之外的、长期被人忽视的"改造主观世界的实践"的重要命题。在同年发表的《实然与应然两重性：教育学的一种人性假设》中，鲁洁教授更是自觉地用新的实践范畴去解释了实然与应然的矛盾统一："马克思所提供的认识和研究

① 鲁洁：《超越与创新》，324、328、331 页，北京，人民教育出版社，2001。

人的方法论最为科学和最为完整地揭示了人的'实然'和'应然'并存的两个方面……马克思主义认为人的本质就是人的实践性。这种实践性规定了他的实然和应然的两重性。"①从这一实践唯物主义的解释出发，鲁洁教授建构了自己的双重人性结构理论，并得出了"教育的本质属性在于引导完备人性的建构与发展""使他成为真正的人"②的结论。在《培养有理想的人——世纪之交对德育的一点思考》中，鲁洁教授指出："按照实然与应然的双重人性结构，激发人对理想生存之追求，形成合乎人性的理想，是教育不可推卸的重要职责。""创造性实践是人的本质属性，创造是人的生存方式。"③在《走向世界历史的人——

论人的转型与教育》中，更进一步从人的实践方式的历史演变的角度论述了，当代世界人的"从单子式的人走向世界历史性的人"的重要转型趋势，呼吁"要以世界性、世纪性的眼光，着力培养一代能够走进世界历史并推动世界历史发展的主体，通过他们的主体性实践去获取人的完全解放！"④

由于建基于实践唯物主义的方法论，鲁洁教授的超越论教育哲学才具有比较完备的理论基础。我们可以认为：从 20 世纪 90 年代初应对时代挑战性质的即时反应，到 20 世纪 90 年代中后期自觉建立自己的方法论及系统论述，是鲁洁教授超越论教育哲学走向成熟的重要标志。

---

① 鲁洁：《超越与创新》，376、377 页，北京，人民教育出版社，2001。

② 鲁洁：《超越与创新》，382 页，北京，人民教育出版社，2001。

③ 鲁洁：《超越与创新》，407～408 页，北京，人民教育出版社，2001。

---

④ 鲁洁：《超越与创新》，427 页，北京，人民教育出版社，2001。

二、超越论教育思想的主要内涵

新中国的教育，尤其是德育在取得一定成就的同时，也遭遇很多挫折的一个重要主观原因就在于思想上的机械唯物主义。这种庸俗和机械的唯物论以"教育要适应××需要"的伪命题将德育和教育完全简单地看成政治或经济活动的附属物。鲁洁教授敏锐地意识到德育之超越性功能研究和德育之超越性本质揭示的重要意义，从而十年如一日建构自己的超越论。从超越论的发生、发展以及主要论述中都可以看到，超越论教育哲学的主要内涵大致可以概括为德育的超越性和教育的超越性两大命题。

（一）德育的超越性本质

从德育的超越性论述的发展历史看，鲁洁教授最初是基于中国教育的当代发展的命运去思考德育与社会发展的辩证关系（具体表现在对德育功能的全面论述）过程中逐步展开自己的思考，而后则逐步将超越论建立在对弥漫全球的物质主义社会现实的深刻批判的基础之上的。因此，在德育意义上的所谓超越性，主要的意涵可以概括为两个维度。

第一，道德、德育本身具有超越性。鲁洁教授指出："道德，作为人类的一种精神活动，它是对可能世界的一种把握。道德所反映的不是实是而是应是。""道德的这一特性也必然规定了道德教育的超越的本质。道德教育的要旨不在于使受教育者了解现实生活中人们的行为是怎样的，而在使他们掌握：人们的行为可能是怎样的？应该是怎样的？道德的理想是什么？人何以接近这一理想？道德教育如果离开了这一要旨，它就不成其为道德教育。它只可能成为某种社会学、经济学等学科的教学与传授。""道德建设、道德教育是精神文明建设的重要内容，无疑它们要为物质文明建设——为经济发展、科技发展等服务。但对于这种服务我们决不可把它看做一种简单的服从，消极的顺应，而应该把它理解为一种超越，也就是要使它形成一种人的自主力量，用以掌握和操纵经济和物质的发展。"① 而德育的享用功能等"不是任何人任意赋予它的，而是德育过程之逻辑必然，它植根于德育的本质之中。"② 由此可知：德育在本质上具有超越性，是德育超越论的基本结论和具体超越性论述的前提。

第二，当代道德、德育更应具有超越性。鲁洁教授认识到道德、德育不仅具有超越性，而且在当代世界这一超越性的弘扬具有特别突出的历史必然性和迫切的现实性："在社会与教育的反思中道德教育开始复兴。这也是当代物质主义走向极端后所呈现的一种历史逻辑。"与人类长期处于物资匮乏阶段、道德教育的主要任务是节制、协调所不同，"当代的道德教育却是在物质日益丰富，精神越趋失落，物质主义泛滥中，被人们重新发现，并显现其价值的。为此，它必然具有超越物质主义的时代特征。"③ 鲁洁教授一方面希望"道德教育培养、塑造人的德的、善的思想品质，它晓以生活的意义，终极的目标，使人得以从物质主义的误区中解脱出来"。④ 另一方面希望新时代的道德及其教育"随着人类进化、物质丰富，精神的提升，对于道德的需要逐渐从以生命价值、物质利益价值为主升华为以精神价值为主"，以满足当代社会"从自尊、自强、利他、爱国，一直到对人

① 鲁洁：《超越与创新》，273 页，北京，人民教育出版社，2001。

② 鲁洁：《超越与创新》，259、278 页，北京，人民教育出版社，2001。

③ 鲁洁：《超越与创新》，269、272 页，北京，人民教育出版社，2001。

④ 鲁洁：《超越与创新》，273 页，北京，人民教育出版社，2001。

生终极的关怀等的追求"的精神需求①。换言之，鲁洁教授认为，与已经过去的人类历史相比较，当代德育应该更多地关注、关照、满足人的超越性需要。

（二）教育的超越性与价值性

如果超越性只是德育的本质，则这一教育之局部特质将有可能是十分孤立和脆弱的。因此全部教育都具有超越本质的论述，不仅是理论的全面拓展，也将使得德育的超越论具有更强大的逻辑前提。鲁洁教授几乎是在德育之超越性命题提出的同时就关注到了教育的超越性本质。这一点可以从《道德教育：一种超越》一文中的有关表述中得到印证——"教育是指向未来的。从这个意义上说，教育的任何部分都具有超越现实的本性。但是，道德教

育之超越具有其独特的意义。"②那么鲁洁教授有关教育的超越性的论述主要内涵是什么？依据文献不难看出，鲁洁教授的论述要点可以归纳为以下两个方面。

第一，教育作为一种独立的人类实践活动，其本质上具有超越性、价值性。鲁洁教授从"人的本质就在于人的实践性""实践的本性就是对一切给定性、自在性的扬弃与否定""人的本质既在其现存中，又在其超越现存中"等实践论、人性论出发，认为教育不仅要实现"对人的自然属性的超越"，而且应该实现"对人的现实规定性的超越"③；要"确认教育对象是能动的、主体性的存在""教育的本质属性在于引导完备人性的建构与发展"④

---

① 鲁洁：《超越与创新》，274～275页，北京，人民教育出版社，2001。

② 鲁洁：《超越与创新》，259页，北京，人民教育出版社，2001。

③ 鲁洁：《超越与创新》，332～335页，北京，人民教育出版社，2001。

④ 鲁洁：《超越与创新》，376～382页，北京，北京人民教育出版社，2001。

等。而"失去了一半的人性假设，导致失掉了另一半的教育。而这种失掉了另一半的教育，培养的与其说是失掉了一半人，不如说尚不是真正意义上自由自觉活动的人。"① 实际上可以这样说，那种没有应然的、没有价值属性的"失去了一半的教育"已经不能称之为健全或者正常的教育。

第二，教育应该培养"有理想的人"，能够"走进世界历史的人"。鲁洁教授认为，"理想、理想的建构是人独具的生存方式，它同样也是人性的一种标志。""在这个时代发生了人的生存模式与生存理念从预成论向生成论的转变。"所以，"按照实然与应然的双重人性结构，激发人对理想生存之追求，形成合乎人性的理想，是教育不可推卸的重要职责，也是教育学研究的永恒主题。"② 同时，基于对于当代社会人类的生产实践、交往格局和生存危机等社会现实和发展趋势的观察、分析，鲁洁教授认为"单子式的个人正在逐步丧失其历史存在的历史根据，作为个体的人正向世界历史性的存在，也即是走向类的存在、类主体的发展阶段"。因而"将世界历史性个人的生长发展作为其归旨，努力促进当代人的革命，人的转型"应该是当代教育的主题③。为此，教育要努力促进"思维方式的转变"，让学生不仅在人与物的关系中，而且在人与人的全面开放的思维关系中获得对于世界的认识，并且"在人的价值导向上就是要引导个体使之具有共在性的价值取向和人格特

① 鲁洁：《超越与创新》，387 页，北京，人民教育出版社，2001。

② 鲁洁：《超越与创新》，404、405、407 页，北京，人民教育出版社，2001。

③ 鲁洁：《超越与创新》，412～413 页，北京，北京人民教育出版社，2001。

征"①，成为新时代的"世界公民"。

以上关于超越论德育、教育哲学内涵的描述都是依据"抽象—具体"的分类标准而展开的。这一分类的好处是能比较明晰地看到超越论的一般命题和具体建言，但也可能会带来削足适履的主观独断。不过可以肯定的是，作为一种文献研究，本文的所有论述都建立在鲁洁教授实际论述的相关材料的基础上，希望本文是朝向还原、理解鲁洁教授真实思想的重要一步。

三、超越论教育思想的重要意义与相关质疑

（一）重要意义

鲁洁教授对于德育、教育超越性的论述所

针对的，不仅是中国和世界教育实践中迫切需要解决的现实问题，而且针对的是传统教育学思维的诸多方法论误区。因此，超越论教育哲学在教育实践和教育理论建设上都有特别重要的价值。

1. 对于教育实践的意义

超越论教育哲学的旨归在于"使人得以从物质主义的误区中解脱出来"。这一实践关怀贯注了鲁洁教授 20 世纪 90 年代的全部研究。20 世纪 90 年代初，鲁洁教授针对市场经济的僭越，提出"学校德育的功能之一就是要防止市场原则完全代替人的教育"②；20 世纪 90 年代中期，鲁洁教授全面论述超越论所针对的就是科技至上、经济至上、消费至上等物质主义"时代顽症"③；而在 20 世纪末，鲁洁教

---

① 鲁洁：《超越与创新》，417～425 页，北京，北京人民教育出版社，2001。

② 鲁洁：《超越与创新》，147 页，北京，人民教育出版社，2001。

③ 鲁洁：《超越与创新》，260～263 页，北京，人民教育出版社，2001。

授之所以提出教育要培养"有理想的人""走进世界历史的人"，主要针对的就是复制"没有心灵的享乐人"①和"疏远了与社会的联系以及与他人分享"的"我向主义"②的社会与教育现实。因此可以这样说：倡导超越，原因在于当下教育过于"现实"，而"一代人英气的磨灭，将会形成我们民族在人格上的普遍缺陷"③。

作为一个实践唯物主义者，鲁洁教授始终对教育抱有真诚、自觉、深切的实践关怀。教育超越论实际上就是对于当代中国与世界教育实践深切关注、关怀的思想作品。鲁洁教授对社会和教育发展中的诸多问题不仅有着十分敏锐的观察和分析，而且对问题的解决充满理想主义的豪情与实事求是、科学理性的

态度。超越论的许多分析和建言对于未来中国乃至世界德育和教育的健康发展都具有十分重要的现实意义。

2. 对于教育学科的意义

在建构自己的实践论方法论的过程中，鲁洁教授已经意识到"以往的教育学由于不是以实践为基础去考察人的发展，没有把人的发展看成是教育过程中主客体相互作用的结果，往往把发展看成是一种内在结构的自律的变化，把它的规律等同于自然的规律"，其结果是"陷入了旧唯物主义窠臼。教育的生物学化与教育的心理学化其不足之处都在于此。"④同时由于"以往教育学视界中的'实践'多以人与物（主体—客体）关系为思考框架，其中的人——主体是一种单子式的个体，与个体主体相异的'他者'则往往被列为被支配的客体，

① 鲁洁：《超越与创新》，384页，北京，人民教育出版社，2001。

② ［美］贝尔：《后工业社会的来临——对社会预测的一项探索》，531页，商务印书馆，1984。

③ 鲁洁：《超越与创新》，408页，北京，人民教育出版社，2001。

④ 鲁洁：《超越与创新》，372页，北京，人民教育出版社，2001。

这种以物为对象的'实践'思维框架难于找到突破单子式个体的事实和逻辑出发点"①，所以才难以在教学论、德育论等理论解释上获得真正的突破。应该说，鲁洁教授的观察是正中时弊的。事实上，当下的教学、德育的学科思维也正在向一个与单子思维相反的方向发展。

由上可知，鲁洁教授不仅关注教育本质命题本身的论述，而且努力建构支撑这一本质论述的方法论。由于她的这一思维品质，她的许多论述本身已经涉及了教育学的元研究。这种元研究对于当下的教育学科发展无疑具有重要的理论意义和现实价值。

（二）相关问题的讨论

超越论作为一种具有鲜明时代特征的教育哲学具有理论上的现实性与创造性，是一种

有中国及马克思主义特色和气魄的教育学理论。当然，任何一种理论也都可能有这样或者那样的局限和问题。

曾经有人公开质疑过德育的享用性功能，也有人直接质疑过教育的超越性。虽然有些质疑源自质疑者本身没有认真、全面理解鲁洁教授有关论点的背景和实际内涵，属于"对话的语境还未形成"②的伪质疑，但是超越论教育哲学本身也的确有可能需要进一步探索的空间。比如，超越论虽然提出了教育，尤其是德育应该具有超越性的主张，但是除了在德育目标、教育目标上应有具体体现之外，在课程建设、教学设计、制度改造、教师培育等诸多教育环节中，这一主张应该如何落实？尚需进一步具体回答。又比如，鲁洁教授的方法论命题——"教育是人类的一种独立的

---

① 鲁洁：《超越与创新》，426 页，北京，人民教育出版社，2001。

② 吴亚林：《漫议与鲁洁教授对话》，载《教育研究与实验》，1995（4）。

实践形式"固然十分正确，但是其将教育看作是改造主观世界的第二种"实践"的前提论述一定要、一定能从经典马克思主义的论述中得出结论吗？也许与其勉强地寻找经典马克思的论述，不如直接从补充或超越马克思等人有关论述之不足开始⋯⋯

鲁洁教授已经年届八十，但是她仍然有一颗赤子之心和极其年轻、锐利的思维。我们衷心希望在今后的岁月里，鲁洁先生不仅能够不断丰富她的超越论教育哲学，而且能够一如既往地在教育学的前沿，引领中国教育学的理论研究走向更新、更高的境界！

2009 年 12 月 10 日，于日本鸣门教育大学改定。

04　一生成就三大事
——鲁洁先生在教育事业上的贡献①

2020年12月25日，我国当代著名教育家、教育学家，南京师范大学教授鲁洁先生与世长辞。鲁洁先生以超越论教育哲学、生活德育理论为核心的教育主张，以及知行合一、为人师表的实践风范，对中国教育事业尤其是教育学术的发展，贡献良多。

大致归类，鲁洁先生对教育事业的重要贡献，可以概括为以下三大方面。

一、与时俱进，推进中国教育学学科建设发展

改革开放后的40多年，可谓鲁洁先生与时俱进，努力推进中国教育学学科建设的40多个春秋。其中教育学学科教材建设、学科学术平台的搭建是她工作的两个最主要的领域。

（一）绿皮《教育学》与教育学科重建

20世纪80年代初，还是中国改革开放的早春时节。"从1956年到1976年'文化大革命'结束整整20年的时间里，包括教育学在内的整个学科的建制、学科的发展都中断了，'文化大革命'结束后当务之急就是重建教育学，一方面是为了学科建设，另一方面是为重建学校教育提供理论根据。"② 鲁洁教授所领导的南京师范大学教育系是最早自觉承担教育学教材编写工作的单位之一。1984年，署名南京师范大学《教育学》编写组的《教育学》（除了组织领导工作，鲁洁还亲自撰写了第一至第六章）由人民教育出版社正式出版并广为发行。因为是绿封面，这本教材就被大家称为

① 注：本文已见刊于《中国教育报（理论周刊）》2021年4月22日。

② 鲁洁：《江苏社科名家文库·鲁洁卷》，12页，南京，江苏人民出版社，2015。

"绿皮教育学"。

针对当时较为普遍的从政治、经济等外在视角简单、机械看待教育问题的错误倾向，"绿皮教育学"对教育、教育学、教育本质、教育目的、教育规律一系列概念与命题等都做出了凸显教育自身特性的理论阐释，对教育学科在知识体系、研究视角上的拨乱反正都发挥了十分积极的作用。由于专业性强，教材迅速成为全国许多院校教育学专业学生选用的教科书，是当时在全国有重要影响的代表性教育学教材之一。后来"绿皮教育学"还陆续获得了包括吴玉章基金一等奖、国家教委第一届全国普通高校优秀教材一等奖在内的多项重要奖励。

此后，鲁洁先生在教育学教材及学科建设领域躬耕不已，取得了许多重要成就。重要成果包括：1990年受国家教委委托编写的教育学科第一本专业教材《教育社会学》（鲁洁主编，人民教育出版社出版，后获全国普通高校优秀教材一等奖）；1994年与王逢贤共同主编的《德育新论》（江苏教育出版社出版，后获教育部人文社会科学优秀成果一等奖）；1998年出版的《德育社会学》（鲁洁主编，福建教育出版社出版，为全国教育科学规划重点课题研究成果）等。这些教材或者著作，在教育社会学、德育基本理论等领域均有开疆拓土之功。

（二）全国德育论专业委员会的创立与发展

学科建设的主体无疑是人。对全国范围内教育学科尤其是德育理论人才队伍的用心培育，是鲁洁教授对于中国教育学科建设的重要贡献之一。其中最重要的平台，就是全国德育论专业委员会（中国教育学会教育学分会德育论专业委员会，简称"全国德育论专业委员会"，现改称"全国德育学术委员会"）。1985年，鲁洁先生发起成立了全国德育论专业委员会。委员会成立之初只有南京师范大学、北京师范大学、华东师范大学等十余家成员单位、会员十数人。但到 2019 年全国德育学术委员会在南京举办第 28 届学术年会时，与会者已经达到 600 人，成员单位则已经覆盖了全国各省市主要师范院校及有关教育研究机构。作为创立者和长期领导人，鲁洁教授通过这一平台对国家德育学术进步推动和德育理论人才培育的贡献，可谓居功至伟。我们可以这样说，今天在教育学领域全国从事德育理论研究者中的绝大多数人，在一定意义上都可谓鲁洁老师的"学生"。鲁洁教授在回顾自己一生的重要工作时也深有感触地说："作为全国德育论专业委员会的主任，从其 1985 年成立，一直到 2005 年，我领导了这个具有浓郁学术氛围的团体长达 20 年。一个人的生命、事业、工作连接 20 年是很少的。对我来说，在一个喧嚣的世界上，参加这样一个团结和没有功利取向的群体是很幸运的，在道德教育事业的艰难跋涉中，我们团体中的每个人

都有一定的收获，这是很美好的事情。"[1]

除了全国德育学术委员会的工作，鲁洁先生还长期担任全国教育科学规划领导小组德育学科组长，从全国教育科学"七五"规划开始就全面参与和长期指导过全国德育学科的研究工作。在南京师范大学，鲁洁教授更是教育部人文社科重点研究基地南京师范大学道德教育研究所的创立者、领导者、精神领袖。南京师范大学的德育学，也被国务院学位办批准为教育学一级学科下自主设置的一个二级学科博士点——这在全国是绝无仅有的一例。作为省属院校的南京师范大学能够在教育学专业上进入国家第一方阵，在德育、教育社会学等领域走在全国的前列，鲁洁先生的直接贡献和领导作用最为关键。在自己的教学岗位上，鲁洁先生更是一位堪称师表的教育

---

[1] 鲁洁：《江苏社科名家文库·鲁洁卷》，26 页，南京，江苏人民出版社，2015。

家。作为大学教授、研究生导师，她不仅为国家培育了一大批杰出的德育理论工作者，更在教育学原理、教育社会学等领域躬耕不已、桃李广植，为国家教育科学永续繁荣做出了重要贡献。

二、独树一帜，建构个性鲜明的教育理论体系

在《学术小传》里，鲁洁先生曾经将自己在教育研究领域的耕耘分为三个阶段：第一阶段，大概从 20 世纪 70 年代末到 80 年代中期；第二阶段，从 20 世纪 80 年代中期到 90 年代中期；第三阶段，从 20 世纪 90 年代中期到 2020 年[①]。

在这三个阶段中，第一个阶段主要的工

作，是与国内其他教育学者一起努力在教育理论上"拨乱反正"。例如，将"文化大革命"中颠倒的事物还原，为凯洛夫教育学"平反"（恢复其肯定学校教育的作用、主张学校必须以教学为主等论述）、为儒家教育学说"平反"（肯定教育理论的文化继承性）、为所谓的资产阶级人性论"平反"（重新确立马克思主义人性论）。又如，对"文化大革命"前 17 年展开反思，开始摆脱苏联教育学的影响，重启 1949 年前本就存在的教育哲学、教育社会学等教育学科建设与学术研究，等等。"绿皮教育学"等就是这一时期的代表性成果之一。第二个阶段的主要工作，是以教育现代化、德育基本理论为中心的教育理论研究。这一时期，在主编的《教育社会学》《德育新论》《德育社会学》等著作以及一系列论文中，鲁洁教授集中对教育对社会及人的现代化能够发挥的作用、德育的社会（政治、经济、文化、自然）功能和个体发展及享用性功能、学校德

---

① 鲁洁：《江苏社科名家文库·鲁洁卷》，10～19页，南京，江苏人民出版社，2015。

育与社会环境的关系等议题都展开了较为深入的研究，取得了十分丰硕的成果。尤其是关于德育的文化功能、自然功能、个体享用性功能的论述，大大拓展和深化了人们对德育功能的认识，产生过引领一时风气的学术影响。

在前期理论积累的基础上，90 年代开始，已过甲子之年的鲁洁反而进入了她最为自觉、成熟的理论建构阶段。在这一阶段，她建构了独树一帜的教育理论体系——一种以人学、超越、实践、生活为关键词的教育理论大厦。

以人为本是鲁洁先生一直捍卫的教育原则及教育学术的方法论。鲁洁认为"教育的根本要旨是为了促进人的发展，这是古今中外公认的通理。教育本姓'人'。"[1] 所以教育一定

要"找回失去的人"[2]，"教育的原点"应该是"育人"[3]。与此同时，她敏锐意识到现实世界"在'完整的人'的范围内只把某一个别环节绝对化，这属于我们时代的精神分裂症"[4]，而"失去了一半的人性假设"会"导致失掉了另一半的教育。"[5]

肯定教育的超越本性，是鲁洁教育思想的核心之一。"教育之所以存在就在于它所具有的超越性的功能，它要通过培养人而展现可能生活，使生活变得更加美好、更值得去过。如果教育彻底丧失了这种超越性，演化成现存不良体制的复制者，人们还再能指望什

① 鲁洁：《教育的原点：育人》，载《华东师范大学学报（教育科学版）》，2008（4）。

② 鲁洁：《道德教育的当代论域》，130 页，北京，人民出版社，2005。

③ 鲁洁：《教育的原点：育人》，载《华东师范大学学报（教育科学版）》，2008（4）。

④ ［德］豪克：《绝望与信心：论 20 世纪末的文学和艺术》，李永平译，3 页，北京，中国社会科学出版社，1992。

⑤ 鲁洁：《实然与应然：教育学的人性假设》，载《华东师范大学学报（教育科学版）》，1998（4）。

么？"①"教育要使人成人，也就是要使人成为超越性的存在。认为生活论教育的宗旨仅仅在教人生活于'现存之中'，这是错误的。生活论教育只是叫人按照生活的本性去生活，而生活的本性就是不断超越现存，不断创造未来。我们提倡'教育要回归生活'，它所针对的是唯理性主义背离生活的理念和做法，决不是要教育人去保持生活的原状。回归生活的教育是回归于生活本性的教育。"②

鲁洁教育思想的基础是实践唯物主义。她认为"教育作为培养人的实践活动，虽然存在从外部施加影响的过程，但这个影响必须变为个体的自觉。因此，教育的主题应该是促进、改善受教育者主体自我建构、自我改建

的实践活动。"③而道德是一种生成性的实践智慧，"这种生成性的道德智慧和数学、物理等一般命题性的知识不同，它不能仅通过知识的传授而获得，而有赖于个人成熟的生活经验、生活实践。道德教育要培养生成性的人，要形成人的道德智慧，就必须在丰富人的生活经验、生活实践上下功夫。"④道德教育因此一定要"回归生活"。

总之，鲁洁先生念兹在兹的，其实就是教育如何培育一个大写的、完整的因而能够幸福生活的人。鲁洁的教育思想，可谓一部大力倡导和强调人道主义、实践取向、超越理想、生活根基的教育哲学。毫无疑问，鲁洁教授已经给当代中国教育学界留下了一笔十分丰厚、珍贵的思想遗产。

① 鲁洁：《超越性存在——兼析病态适应的教育》，载《华东师范大学学报（教育科学版）》，2007（4）。
② 鲁洁：《超越性存在——兼析病态适应的教育》，载《华东师范大学学报（教育科学版）》，2007（4）。

③ 鲁洁：《江苏社科名家文库·鲁洁卷》，21页，南京，江苏人民出版社，2015。
④ 鲁洁：《生活·道德·道德教育》，载《教育研究》，2006（10）。

三、学以致用，实现德育课程改革的观念突破

2000 年后，受教育部委托，鲁洁先生主持了小学阶段《品德与生活》《品德与社会》国家课程标准制定以及相关教材的编写工作。除了课标、教材等直接产出，她对国家德育课程改革最为卓越的贡献，乃是实现了德育课程改革在观念上的时代突破。今天，"让德育回归生活"已经成为家喻户晓的教育理念，鲁洁的思想贡献与引领作用是无与伦比的。

鲁洁的生活德育思想建基她对人及人性的深刻认识："'人'不是由某种先验的抽象本质所规定的存在，'人'其实就是他的现实生活，人是由他的存在方式规定的。……实践是人的本质属性，基于实践的创造性、超越性、关系性也就是人的规定性。人与其他动物不同，他不是被创造的，而是自己'做成'的，是在实践中自己成就的。教育是人为人自己造就自己而设定的实践活动。"①

对于世纪之交的人类生活境况，鲁洁曾经发出这样的警讯："物质的需求是人类的基本需求，物质的匮乏叫人无以生存，为此一直到今天为止，人们还必须为丰富物质而努力。但是历史发展至今天，人们似乎还应当看到另一种事实：那就是物质丰富了，但是如果人不能把握好自身，人如无自律，无反思，没有对世界、对人类的深远智慧和德性的锤炼，那么人们所面临的可能是较物质匮乏更为严重的灭顶之灾。"②鲁洁认为，道德的存在本来就是"内在于生活"的——道德存在是一种具有整体性、实践性、生成性的生活

---

① 鲁洁：《江苏社科名家文库·鲁洁卷》，17 页，南京，江苏人民出版社，2015。

② 鲁洁：《教育的返本归真——德育之根基所在》，载《华东师范大学学报（教育科学版）》，2001（4）。

形态①。"道德源自于生活，内在于生活，是生活的解释和目的系统。……道德教育的基本使命就是要引导人走上'成人之道'，就要引导人以人的存在方式去生活，使人的生活实现改变、得到提升。道德教育不是诉诸孤立的、静态的人性改造，而是要具体落实为生活的建构和改造。……道德教育的根本作为就是教人学会建构属于他自己的生活。"②而边缘化、外在化、知识化已经成为"道德教育的现代综合症"③。所以"当代教育中所存在的普遍危机，是对人的精神世界，特别是以道德为核心的精神生活能力培养的丧失。"教育一定要回归本真，因为"道德教育只有在这种本真教

育的整体谋划中才具有存在的根据与场域。"④

对于道德、教育、学习、课程等教育基本范畴的深刻论述，构成了她关于生活德育的系统理论建构。鲁洁先生认为："在生活论的视域中，道德就是人们所选定的特定的生活价值，为的是要用它作为参照点来确定生活的方向和道路，使人能够生活得'更像一个人'。""生活论意义中的'成人之道'是使道德从远离人的存在和生活世界的抽象理性的规范体系重新回归为人类生存的自觉意识。它呵护人的实践的、自由的本性，为人的生成发展的可能生活提供终极关怀和安身立命的精神。"⑤道德，是一种生成性的实践智慧。"这种生成性的道德智慧和数学、物理等一般命题性的知识不同，它不能仅通过知识的传授

———————————

①　鲁洁：《生活·道德·道德教育》，载《教育研究》，2006（10）。

②　鲁洁：《江苏社科名家文库·鲁洁卷》，18页，南京，江苏人民出版社，2015。

③　鲁洁：《边缘化、外在化、知识化——道德教育的现代综合症》，载《教育研究》，2005（12）。

④　鲁洁：《教育的返本归真——德育之根基所在》，载《华东师范大学学报（教育科学版）》，2001（4）。

⑤　鲁洁：《做成一个人：道德教育的根本指向》，载《教育研究》，2007（11）。

而获得，而有赖于个人成熟的生活经验、生活实践。道德教育要培养生成性的人，要形成人的道德智慧，就必须在丰富人的生活经验、生活实践上下功夫。"[①] "道德学习的本质，不是知识学习，而是生活的、实践的学习。"[②] 而"当代的教育却无视道德之知的实践特性，同其他知识一样也把它放在科学理性主义的过滤器中筛选成普遍化、客体化的知识，彻底割断了它长在母体身上的脐带，断绝了它与生活实践的联系，也就使它再也回不了自己的家。"[③] "道德、道德的意义不能到远离生活实践的、超感性的第一世界中去寻找，只能在生活实践中去领会。基于道德实践性存在的观点，道德学习、道德教育应从知

识、学术型转向生活、实践型。"故"新德育课程的基本理念是回归生活。德育课程要'源于生活，通过生活，为了生活'，在课程的实施中，不仅要关注课程的内容贴近生活，还要努力促使课程学习能真正改变生活。"[④] 而"道德观：从知识道德向生活道德转变""学习观：从单向传输转向交互作用""课程观：从唯知识论走向生活经验论"[⑤]，既是鲁洁德育课程观最为重要的主张，更是她身体力行推进国家德育课程改革矢志不渝的方向。

人生为一大事而来。鲁洁先生不仅在教育学的学科建设、理论创新上建树甚多，而且努力做到知行合一，将自己的教育理想、理论建构自觉应用于国家德育课程改革等教育实践，为实现她所言的一代教育学人"共同

① 鲁洁：《生活·道德·道德教育》，载《教育研究》，2006（10）。
② 鲁洁：《江苏社科名家文库·鲁洁卷》，18页，南京，江苏人民出版社，2015。
③ 鲁洁：《边缘化、外在化、知识化——道德教育的现代综合症》，载《教育研究》，2005（12）。

④ 鲁洁：《江苏社科名家文库·鲁洁卷》，18页，南京，江苏人民出版社，2015。
⑤ 鲁洁：《德育课程的生活论转向》，载《华东师范大学学报（教育科学版）》，2005（3）。

的教育梦"而鞠躬尽瘁，做出了至关重要的贡献。

斯人已逝，但鲁洁先生在推进中国教育学学科发展、建构独具特色教育思想体系、引领国家德育课程改革的观念突破上的巨大贡献将永远为世人记起。

2021 年 2 月 10、18 日，于京师园三乐居。

05　成就大写之人的教育学
——鲁洁教育思想素描①

2020 年 12 月 25 日，我国当代著名教育家、教育学家，南京师范大学教授鲁洁先生与世长辞。北京师范大学公民与道德教育研究中心曾经以这样一副挽联祭奠老人家——"超越思维　求教育真谛　岂顾引千万议论；道德文章　树育人楷模　何止领一代风骚。"挽联突出褒扬了鲁洁先生以超越论德育思想为核心的教育主张以及知行合一、为人师表的实践贡献。但若要更为全面地展现鲁洁教育思想的完整风貌和独特贡献，则需以超越论教育主张为重要关节点，找到更多的经纬与脉络。

仔细研读鲁洁先生的系列研究成果，我们可以概括地说：鲁洁的教育思想，可谓一部大力倡导和强调人道主义、实践取向、超越理想、生活根基的教育学。

一、人学教育学

"道德教育的根本使命是'成人'。……道德教育的根本作为就是引导生活的建构，它所指向的是更有利于人之生存与发展的好生活。"鲁洁先生在《教育研究》发表的最后一篇论文摘要②③里的这段文字，很好地揭示了鲁洁德育、教育思想的逻辑起点——"人"——教育应该是为了人、尊重人、成就人的人道实践。

为了人，是指一切教育的出发点、归宿只能是人。"教育的根本要旨是为了促进人的发展，这是古今中外公认的通理。教育本姓'人'。为此'以人为本'对于教育来说是不

---

① 注：本文已见刊于《教育研究》2021 年第 4 期。

② 鲁洁：《道德教育的根本作为：引导生活的建构》，载《教育研究》，2010（6）。

③ 依据邓友超主编的统计，从创刊号 1979 年第 1 期《他们究竟要改造什么》算起，鲁洁先生总共在《教育研究》上发表论文 28 篇。

言自明的。"这一论述最初是建立在对"文化大革命"时期教育反思的背景之上的——"中国教育曾经经历了很长一段'谈人色变'的年代。一切人性化的教育观念和教育实践都会遭到无情的打击和批判，如教育的爱、个性化的教育等等。"[①]而"文化大革命"结束不久"人们的生活被经济的功利主义所殖民化，教育也未能例外。放在首位的仍然不是人的发展、人的完善，而是物质经济的利益与效率。……教育所要满足的不是人之发展需要，所遵循的不是教育自身的规律，而是市场功利的需要，在较多的情况下，人们是用市场的逻辑来操控教育的。在这种教育中，人没有了，人只是物的附属品，是被控制和定制的对象……"[②]所以

鲁洁一再强调教育要"找回失去的人"[③]，"教育的原点"应该是"育人"[④]，教育是"人之自我建构的实践活动"[⑤]。这些论断，既有拨乱反正的历史功业，更有一针见血的现实批判性。

尊重人，是指一些教育活动的过程都要坚持"以人为本"，尤其是尊重"完整的人"的原则。如果说"以人为本"是鲁洁与同一时代教育学人的共同呼声，那么在对以什么样的"人"为本的深入阐释上，她是有特别突出的理论贡献的——"人"应当是"完整的人"。具体说来，鲁洁关于人的整体性理解，除了肯定人是"承载生命的个体存在""现实单个

① 鲁洁：《教育的原点：育人》，载《华东师范大学学报（教育科学版）》，2008（4）。

② 鲁洁：《教育的原点：育人》，载《华东师范大学学报（教育科学版）》，2008（4）。

③ 鲁洁：《道德教育的当代论域》，130页，北京，人民出版社，2005。

④ 鲁洁：《教育的原点：育人》，载《华东师范大学学报（教育科学版）》，2008（4）。

⑤ 鲁洁：《教育：人之自我建构的实践活动》，载《教育研究》，1998（9）。

的社会存在"，是"现实的人"① 之外，还特别强调了人是超越性存在、世界性存在这两个最重要的维度。"承认人是一种实然的存在，也即是承认人是现实的，可感的对象，他不是虚幻的，超验的，一切对人的认识都必须从这里出发。但是，我们对人性的把握却又不能到此止步，还必须承认，作为人，他总是要不断地从这种可感的现实中'腾飞'，超越种种给定性，实现自己所追寻的自我发展和自我确证。人总是存在于这种应然与实然的否定性的动态过程之中。从这里，我们才能窥见到人之为人的根本。"② "从单子式的个人走向世界历史性的个人，这是人的生存方式的根本转变，表现在人的发展空间向度上，他是面向世界的，他逐步从地方性的发展走向世界性的发展，每个个体都可能成为一个能包容整个世界发展的'小宇宙'；在人的发展的时间向度上，他是面向未来的，他总是用未来规范现实，从而得以在不断超越与创造中发展。"③ 对人作为超越性存在、世界性存在的强调，完全是因为她已经敏锐意识到了现实世界"在'完整的人'的范围内只把某一个别环节绝对化，这属于我们时代的精神分裂症"④，从而忧虑"失去了一半的人性假设"会"导致失掉了另一半的教育。"⑤

成就人，是指教育对人的帮助一定是一种超越性的建构，即"引导生活的建构，它所指向的是更有利于人之生存与发展的好生

① 鲁洁：《教育的原点：育人》，载《华东师范大学学报（教育科学版）》，2008（4）。

② 鲁洁：《实然与应然：教育学的人性假设》，载《华东师范大学学报（教育科学版）》，1998（4）。

③ 鲁洁：《走向世界历史性的人——论人转型与教育》，载《教育研究》，1999（11）。

④ ［德］豪克：《绝望与信心：论20世纪末的文学和艺术》，李永平译，3页，北京，中国社会科学出版社，1992。

⑤ 鲁洁：《实然与应然：教育学的人性假设》，载《华东师范大学学报（教育科学版）》，1998（4）。

活"——教育要培养"大写的人"。鲁洁郑重指出："教育所期待的超越性的人，是把超越和创造作为自己生活取向的人。超越性于人而言并非是某种可有可无的特征，而是人的不可或缺的存在维度。超越，这一维度表现了人性的丰富性：向世界的开放性、不断否定给定性、不断指向未来的可能性、不断改变生活和改造世界的目的性。这也就是教育所要彰显的人性维度。教育所期待的不仅是在实践活动中力图去超越现存的生存境遇，努力创造更好生活的人，同样也是在思想和意识中不断去探寻人的存在价值、意义、理想和目的，寻求精神和思想超越的人""教育之所以存在就在于它所具有的超越性的功能，它要通过培养人而展现可能生活，使生活变得更加美好、更值得去过。如果教育彻底丧失了这种超越性，演化成现存不良体制的复制者，

人们还再能指望什么？"[1]

总而言之，鲁洁先生的教育思想，本质上是一个努力倡导人道主义的教育理论体系，是一部对为了人、尊重人、成就人等命题有着独特观察、理解、建构的人学教育学。这一思想之所以形成，与鲁洁先生生长在一个开明的教育学之家[2]、学生时代（中华人民共和国成立前）就向往光明、追求人的自由与解放[3]，新中国成立后又遭遇"文化大革命"浩劫对人之自由与尊严的非法剥夺以及市场经济发展使人"物化"从而导致"人的空场"等人生体验与反思有直接的关联，更与她基于

_____

① 鲁洁：《超越性存在——兼析病态适应的教育》，载《华东师范大学学报（教育科学版）》，2007（4）。
② 鲁洁教授的父亲鲁继曾先生是毕业于美国哥伦比亚大学的教育学硕士，曾经担任大夏大学（华东师范大学前身之一）教务长。参见《回望八十年——鲁洁教育口述史》，5～9页，北京，教育科学出版社，2014。
③ 鲁洁教授曾经于1948年底、1949年初在南京加入地下党。参见《回望八十年——鲁洁教育口述史》，135页，北京，教育科学出版社，2014。

马克思主义哲学对人的实践特质、教育与实践关系等问题的长期、深入的思考、研究有关。换言之，鲁洁教授的人学教育学思想的特别贡献在于：她的教育思想中既有与其他同辈中国教育学家们一样的拨乱反正、对于"人"的一般捍卫，更有基于对改革开放以来不同时期教育实践"人的空场"（经济人、单子式的人，等等）诸弊而对"人"之原则的具体捍卫。

二、实践的教育学

与同一时代的许多中国教育学者一样，鲁洁先生也是一个真诚的马克思主义者。但迥异于同时代其他中国教育学人的地方在于，鲁洁是一位"师马而不泥马"的学者。她的主要工作特色，一是精致表达了自己对于马克思主义基本概念的深入理解，二是娴熟运用马克思主义的基本原理创造性地建构了自己独树一帜的教育思想。突出表现之一，就是她对人本身以及作为教育对象的人的理解都是建立在对实践概念做出辩证唯物主义阐释的基础之上的。故鲁洁之人学教育学，也可以说是实践的教育学。

为了更好地诠释教育中的许多理论及实践问题，鲁洁先生很长时间致力于对实践概念的哲学反思与构建。"在我看来，实践有两个环节：改造客观世界的环节和改造主观世界的环节。人们通过改造客观世界而达到改造主观世界的目的。以实践的观点来看，人的发展不完全是外在环境的灌输，但又离不开外界的影响；不全是自然潜能的内在展现，但又离不开人的主观意识的作用。"[1] 正是基于对实践概念的这一理解，鲁洁在对人的建构性、超越性、关系性的诠释上才得以更为深

---

① 鲁洁：《江苏社科名家文库·鲁洁卷》，20～21页，南京，江苏人民出版社，2015。

入的拓展。"马克思所理解的实践是人自身通过对环境的改造和创造来达到与环境统一的活动。因此，实践就其本质而言就是超越的，它是人自身对他所处环境的超越。这是人与动物在和他们所处环境关系上的根本区别。动物凭借本能去适应环境，人则是通过实践而改造超越环境。从实践唯物主义基本观点出发，教育作为一种培养人的实践活动，它必然具有超越的特征。"[①]

"以往教育视界中的'实践'多以人与物（主体—客体）关系为思考框架，其中的人——主体是一种单子式的个体，与个体主体相异的"他者"则往往被列作为被支配的客体，这种以物为对象'实践'思维框架难于找到突破单子式个体的事实和逻辑出发点。而多元主体间的交往实践，则将'实践'的视界移向人与人之间的关系，将每个自我与他者同作为主体，在交往中既有对自我价值的肯定，也有对对方价值的尊重。而形成共同的或共容的价值取向，并以此来消除单子式个体个人中心的种种异化状态。"[②] 除了对马克思主义实践概念的继承，这些精彩论述实际上已经开辟了属于自己的论述空间，无疑也是她老骥伏枥，不断与哈贝马斯、列维纳斯等思想巨人展开深度对话的思想成果。

在对实践概念、实践与人的关系的哲学反思的基础上，鲁洁先生最重要的贡献之一是展开对"教育实践"概念的深刻诠释，进而提出了教育是"人之自我建构的实践活动"的实践教育学主张。"长期以来人们往往只把对外部客观世界的改造视为实践活动，而排除了人对自身的主观改造这样一种重要的实践形

① 鲁洁：《论教育之适应与超越》，载《教育研究》，1996（2）。

② 鲁洁：《走向世界历史性的人——论人转型与教育》，载《教育研究》，1999（11）。

式。正是出于对实践范畴的种种误解，我国教育理论界在相当长的时期内未能将教育这种发展与改造人的活动作为一种独立的实践活动来认识，从而也难于对教育的本质做出符合马克思主义的阐释。"① "教育实践的产生，是以这样的事实为根据的，那就是作为客观存在的人，他的现实存在状况，他在自然、自发状态下发展的结果并不能满足人发展自身的要求。" "教育实践的出现，表明人决心要按照他的目的——人的理想发展和存在来改变人的现实存在，改变人在自然、自发状态下的发展结果。"② "教育作为培养人的实践活动，虽然存在从外部施加影响的过程，但这个影响必须变为个体的自觉。因此，教育的主题应该是促进、改善受教育者主体自我建

构、自我改建的实践活动。"③

上述对于教育实践的范畴论述是独特且影响深远的。鲁洁先生对这一重要探索也曾经做出这样的自我评价："这是我基于马克思实践唯物主义对教育本质所作的阐释。我想我的这一结论的得出，有助于批判教育理论中流行的生物学化与心理学化的倾向，对于改变我国长期以来把教育视为'施加影响'的'塑造'活动，具有一定的理论意义。"④熟读鲁洁先生的著作，人们不难发现这一评价是实事求是，也是一语中的。

三、超越论教育哲学

认真研读鲁洁先生对实践范畴的论述不难

---

① 鲁洁：《江苏社科名家文库·鲁洁卷》，20 页，南京，江苏人民出版社，2015。

② 鲁洁：《教育：人之自我建构的实践活动》，载《教育研究》，1998（9）。

③ 鲁洁：《江苏社科名家文库·鲁洁卷》，21 页，南京，江苏人民出版社，2015。

④ 鲁洁：《江苏社科名家文库·鲁洁卷》，21 页，南京，江苏人民出版社，2015。

发现，实践不过是她关于人之能动性或超越性的另外一种表达。故鲁洁教育思想的一大特色乃是基于实践唯物主义的教育理想主义、浪漫主义。这一点，集中表现于她在超越论教育哲学思想的建构上。

换言之，既然教育活动是"引导生活的建构""人之自我建构的实践活动"，也就必然具有超越性。"超越论思想的发轫是 20 世纪 90 年代初期，90 年代中后期鲁洁教授一方面将研究视角从德育功能研究转向对整个教育本质的思考，另一方面则努力将超越论建基于实践唯物主义方法论的理论基础之上。她不仅论述了德育的超越性本质，而且完成了对全部教育活动之超越性、价值性的独特阐述。鲁洁教授对于德育、教育超越性的论述所针对的不仅是中国和世界教育实践中迫切需要解决的现实问题，而且针对的是传统教育学思维的诸多方法论误区。因此，超越论教育哲学在教育实践和教育理论建设上都有特别重要

的价值。"①

鲁洁先生对教育实践之超越性的揭示，首先是基于她对人性与教育本质的洞察。在承认自然、社会与历史对人的种种给定性的同时，鲁洁反复强调"作为人，他总是要不断地从这种可感的现实中'腾飞'，超越种种给定性，实现自己所追寻的自我发展和自我确证。人总是存在于这种应然与实然的否定性的动态过程之中。"②"人是一种超越性的存在。他总是在超越现存的生活、超越现实的规定性中存在着的，超越是人的存在方式，也唯有人是以这样的方式存在的。"而"超越性的存在，既是教育的人学依据，也是教育之所

① 檀传宝：《超越论教育哲学及其建构——20 世纪 90 年代鲁洁教授教育思想的特质》，载《教育学报》，2010（1）。

② 鲁洁：《实然与应然：教育学的人性假设》，载《华东师范大学学报（教育科学版）》，1998（4）。

期待"①，教育的本质是一种具有超越性的"人之自我建构"。"教育所期待的超越性的人，是能够对现存的生活做出反思和批判的人。人只有通过他的自觉反思与批判才有可能发现生活中的困境和问题，达到对现实生活较为全面的理解，据此实现对现存的超越。"②"本真的教育是一种既授人以生存的手段与技能，使人把握物质世界的教育，又导人以生存的意义与价值，使人建构自己意义世界的教育，是这两种教育的协调与统一。为此，本真的教育所要达到的目的有两种：一种是'有限的目的'，也即是使受教育者具有与外部世界期待相符的外在目的；另一种也是更为重要的则是'无限的目的'——'超出人的自然

存在直接需要的发展'③之内在目的，这项目的指向的是人自己，是人的自我发展、自我提升、自我意义建构。只有使这两重目的统一才可能达到人的全面自由发展。"④

鲁洁先生对教育实践之超越性的揭示，也是建立在对教育现实深入批判的基础之上的。她的超越论教育思想所针对的，正是人为片面的物质欲望、工具理性、社会建制所摆布所导致的世纪"分裂症"，"单子式的存在""知识人"等人性假设对教育的误导，以及教育自身的极度功利主义乱象等当代人类所面临的糟糕境况。她特别指出，病态教育的"所作所为都在促使人在现存体制的利益驱动下，在各种被社会化了的欲望支配下（这种

<hr>

① 鲁洁：《超越性存在——兼析病态适应的教育》，载《华东师范大学学报（教育科学版）》，2007（4）。

② 鲁洁：《超越性存在——兼析病态适应的教育》，载《华东师范大学学报（教育科学版）》，2007（4）。

③ ［苏］苏共中央马克思列宁主义研究院编译《马克思恩格斯全集》（第四十七卷），中共中央马克思恩格斯列宁斯大林著作编译局译，216页，北京，人民出版社，1979。

④ 鲁洁：《教育的返本归真——德育之根基所在》，载《华东师范大学学报（教育科学版）》，2001（4）。

欲望本来可能是毫无意义的，也不是人自身所本有的），在体制为他所规定的轨道上，不停地走，不停地走，教育只是在使人变成了一条被蒙上眼的推磨驴子。"而"教育本来是面向可能生活，它的功能是要为人揭示更加好的、更值得过的可能生活，教人学会以一种审视、反思、批判态度去对待现存生活（包括现存的体制），教育的精神就是超越，就是创造，而现在的教育却正反其道而行之。"[①] 超越论不仅着眼于教育对于现存社会的超越、对于个体真正成长的帮助，而且着眼于更广阔的"关系中的人""走向世界历史性的人"的人格培育："价值取向的共同性、共识性、共容性是当代世界发展的潮流，它体现了时代前进的方向，它必当成为当代教育所追寻的方向与目标。正是在这种潮流中，培养'世界人''国际合作的人'等，已呈现在各国教育的视野之中。""我们的教育在当今世界历史的进程中，要以一种世界性、世纪性的眼光，着力培养一代能够走进世界历史并推动世界历史发展的主体。通过他们的主体性实践去获取人的完全解放！"[②]

鲁洁先生的超越论教育哲学，更是一种对于教育与生活关系的整全、辩证的诠释。"教育要使人成人，也就是要使人成为超越性的存在。认为生活论教育的宗旨仅仅在教人生活于'现存之中'，这是错误的。生活论教育只是叫人按照生活的本性去生活，而生活的本性就是不断超越现存，不断创造未来。我们提倡'教育要回归生活'，它所针对的是唯理性主义背离生活的理念和做法，决不是要教育人去保持生活的原状。回归生活的教育是回归

---

① 鲁洁：《超越性存在——兼析病态适应的教育》，载《华东师范大学学报（教育科学版）》,2007（4）。

② 鲁洁：《走向世界历史性的人——论人转型与教育》，载《教育研究》，1999（11）。

于生活本性的教育。"①因此，鲁洁的人学、实践、超越论的教育哲学与其生活论的教育、德育理论是一个有内在关联的有机的思想整体。

四、生活德育理论

21 世纪伊始，已过古稀之年的鲁洁先生受教育部委托主持、参与了小学阶段《品德与生活》《品德与社会》国家课程标准制定、教材编写等具体的教育改革实践。这一机缘促使她关于人学、实践、超越论的教育学术研究，集中转换为直接面向当代中国德育实践、改革的理论探索，从而形成了一个更具现实针对性的生活德育理论。这一理论集中探讨了道德教育中的"人""道德""课程"三大

基本要素。

关于道德教育中的"人"，鲁洁认为："'人'不是由某种先验的抽象本质所规定的存在，'人'其实就是他的现实生活，人是由他的存在方式规定的。我认为，实践是人的本源性的存在方式，创造性、超越性、关系性则是实践的固有本性。实践是人的本质属性，基于实践的创造性、超越性、关系性也就是人的规定性。人与其他动物不同，他不是被创造的，而是自己'做成'的，是在实践中自己成就的。教育是人为人自己造就自己而设定的实践活动。"②所以"在生活论的视域中，道德就是人们所选定的特定的生活价值，为的是要用它作为参照点来确定生活的方向和道路，使人能够生活得'更像一个人'。""就每个个体而言，就是要使道德对于人性的自觉

① 鲁洁：《超越性存在——兼析病态适应的教育》，载《华东师范大学学报（教育科学版）》，2007（4）。

② 鲁洁：《江苏社科名家文库·鲁洁卷》，17 页，南京，江苏人民出版社，2015。

设定植根于个体内在的良心和人生信仰，把一条成人之路构筑在人的心中。使人从内心感受到'成为一个人'是自己值得追寻的目的，做成一个人是十分崇高和有尊严的事。……对于整个社会而言，要使这种自觉的人性设定成为衡量是非善恶的根本尺度，促使整个社会生活秩序都能朝着有利于人的生成发展、自由解放的方向运行，而要达成这样的目的必须有道德教育的参与。""生活论意义中的'成人之道'是使道德从远离人的存在和生活世界的抽象理性的规范体系重新回归为人类生存的自觉意识。它呵护人的实践的、自由的本性，为人的生成发展的可能生活提供终极关怀和安身立命的精神。"[1]

关于道德教育中的"道德"，鲁洁认为道德的存在本来就是"内在于生活"的——道德存在是一种具有整体性、实践性、生成性的生活形态[2]。"道德源自于生活，内在于生活，是生活的解释和目的系统。道德以它特有的"应当"和"不应当"的话语系统对于人的生活做出解读。……道德教育的基本使命就是要引导人走上'成人之道'，就要引导人以人的存在方式去生活，使人的生活实现改变、得到提升。道德教育不是诉诸孤立的、静态的人性改造，而是要具体落实为生活的建构和改造。……道德教育的根本作为就是教人学会建构属于他自己的生活。"[3]在世纪之交，鲁洁曾经发出这样的警讯："物质的需求是人类的基本需求，物质的匮乏叫人无以生存，为此一直到今天为止，人们还必须为丰富物质而努力。但是历史发展至今天，人们似乎还应当看到另

---

① 鲁洁：《做成一个人：道德教育的根本指向》，载《教育研究》，2007（11）。

② 鲁洁：《生活·道德·道德教育》，载《教育研究》，2006（10）。

③ 鲁洁：《江苏社科名家文库·鲁洁卷》，18页，南京，江苏人民出版社，2015。

一种事实：那就是物质丰富了，但是如果人不能把握好自身，人如无自律，无反思，没有对世界、对人类的深远智慧和德性的锤炼，那么人们所面临的可能是较物质匮乏更为严重的灭顶之灾。"① 而边缘化、外在化、知识化已经成为"道德教育的现代综合征"②。所以"当代教育中所存在的普遍危机，是对人的精神世界，特别是以道德为核心的精神生活能力培养的丧失。"教育一定要回归本真，因为"道德教育只有在这种本真教育的整体谋划中才具有存在的根据与场域。"③

对道德教育中的"课程"的理解，鲁洁首先集中于道德学习的解读："道德学习的本质，不是知识学习，而是生活的、实践的学习。当然，道德教育并不排除'道德之知'的学习，而是认为这种'知的把握'必须以达到某种实践境界为前提。"④ 而"当代的教育却无视道德之知的实践特性，同其他知识一样也把它放在科学理性主义的过滤器中筛选成普遍化、客体化的知识，彻底割断了它长在母体身上的脐带，断绝了它与生活实践的联系，也就使它再也回不了自己的家。"⑤

基于这一道德学习观及相应的教育现实的批判，鲁洁先生特别强调："儿童的道德意识往往依附于具体生活事件、生活过程、生活细节，依附于他的身体活动和行动，是一种'经验性的结构'，往往是不明晰的、混沌的意识，是泛化的、未经概念化的意识。其中有理性的萌芽，却有许多非理性的成分，虽

① 鲁洁：《教育的返本归真——德育之根基所在》，载《华东师范大学学报（教育科学版）》，2001（4）。
② 鲁洁：《边缘化、外在化、知识化——道德教育的现代综合征》，载《教育研究》，2005（12）。
③ 鲁洁：《教育的返本归真——德育之根基所在》，载《华东师范大学学报（教育科学版）》，2001（4）。

④ 鲁洁：《江苏社科名家文库·鲁洁卷》，18 页，南京，江苏人民出版社，2015。
⑤ 鲁洁：《边缘化、外在化、知识化——道德教育的现代综合征》，载《教育研究》，2005（12）。

然可称为意识，但却在很大程度上还要借助于身体的行动、行为来思考，是一个个整体性的存在。理性主义纯理性的片面、局部的教育，与它所面对的整体性的儿童是不对称的。""道德、道德的意义不能到远离生活实践的、超感性的第一世界中去寻找，只能在生活实践中去领会。基于道德实践性存在的观点，道德学习、道德教育应从知识、学术型转向生活、实践型。"道德是一种生成性的实践智慧"这种生成性的道德智慧和数学、物理等一般命题性的知识不同，它不能仅通过知识的传授而获得，而有赖于个人成熟的生活经验、生活实践。道德教育要培养生成性的人，要形成人的道德智慧，就必须在丰富人的生活经验、生活实践上下功夫。"[1] "新德育课程的基本理念是回归生活。德育课程要'源

于生活，通过生活，为了生活'，在课程的实施中，不仅要关注课程的内容贴近生活，还要努力促使课程学习能真正改变生活。"[2] 而"道德观：从知识道德向生活道德转变""课程观：从唯知识论走向生活经验论""学习观：从单向传输转向交互作用"[3]。发表于《华东师范大学学报(教育科学版)》2005年第3期的《德育课程的生活论转向》，是对这一德育课程观做出的最为全面、深刻的阐释。

鲁洁先生在回顾自己对生活德育理论的探索历程时曾经说过："'人''道德''课程'是构成道德教育理论的核心概念。我这个阶段的研究就从这些基本要素入手，期望能揭示出道德教育的本质及其终极指向，为走向生活

---

[1] 鲁洁：《生活·道德·道德教育》，载《教育研究》，2006（10）。

[2] 鲁洁：《江苏社科名家文库·鲁洁卷》，18页，南京，江苏人民出版社，2015。

[3] 鲁洁：《德育课程的生活论转向》，载《华东师范大学学报（教育科学版）》，2005（3）。

的道德教育建构核心理念。"① 这一自我评价已经清晰表明了其生活德育理论探究的学术志趣与理论构架。

综上所述，鲁洁先生的教育思想，是一种人学的、实践的、超越的、生活的德育与教育哲学。鲁洁教授念兹在兹的，就是教育如何培育一个大写之人。鲁洁先生已经给当代中国教育学界留下了一笔十分丰厚、珍贵的思想遗产。

需要特别说明的是，鲁洁先生不仅在教育学专业领域建树甚多，而且努力做到知行合一，将自己的教育理想、理论建构自觉应用到国家德育课程改革等教育实践领域，为实现她所言的一代教育学人"共同的教育梦"而鞠躬尽瘁。与此同时，她不仅是一位敬业、专业的教育学家，更是一位堪称师表的教育家。作为教育学者，她努力建构了大气、深邃、独具个性的教育思想体系；而作为大学教授、研究生导师，她不仅为国家培育了一大批杰出的德育理论工作者，更在教育学原理、教育社会学等领域躬耕不已、桃李广植，为国家教育科学的繁荣进步贡献良多。有挽联曰："一代宗师，开辟道德教育新世纪；万古流芳，泽被教育学术几代人。"（全国德育学术委员会）可谓实至名归矣！

2021 年 2 月 7 日、8 日，于京师园三乐居。

---

① 鲁洁：《江苏社科名家文库·鲁洁卷》，17 页，南京，江苏人民出版社，2015。

06 历史之思与专业之辨
——黄济劳动教育思想及其当下意义[①]

一、引言

黄济先生是新中国马克思主义教育学的重要代表学人之一。他在教育哲学、德育、美育、劳动教育等方面都有重要研究成果。劳动教育与"教育与生产劳动相结合"、实现人的"全面发展"等马克思主义经典教育命题有着最为直接、内在的关联，所以自然就成为他特别在意、也不断思考的一个重点研究领域。从1963年付梓的《教育学讲授提纲》到2004年完成的《教育学十讲》，如何正确理解、有效开展劳动教育，都是黄济先生有过专门论述且有穿越时空的历史之思和专业之辨的重要课题。

本文所谓"历史之思"，一是指黄济先生

的劳动教育论述，始终与他对社会主义理论与实践的思考有直接关联，其劳动教育思想具有鲜明的历史唯物主义特色；二是指黄济劳动教育之思不仅具有不同历史时期教育问题的针对性，而且对于当下劳动教育的健康推展具有十分宝贵的现实意义。当然，作为教育哲学的大家，黄济先生对于劳动教育的"历史之思"不仅是与其教育学的"专业之辨"融为一体的，更是落实在他具体的教育专业论述之中的。

本文以《教育学讲授提纲》（1963）和《教育学十讲》（2004）两个不同时期的重要文献（均收录于人民教育出版社2004年版《历史经验与教育改革》一书）为主，辅之以其他文献展开文本分析，努力呈现黄济先生关于劳动教育的历史之思、专业之辨，以方便研究者全面、准确了解黄济劳动教育思想的概貌，并进一步思考这一思想对于我国劳动教育理论与实践建构的当下意义。

① 注：本文原系在"纪念黄济先生诞辰100周年暨教育哲学未来发展学术研讨会"（2021年7月20日，北京）上的发言，经整理后发表于《中国教育科学》2021年第6期。

二、黄济劳动教育思想的主要内容

依据《教育学讲授提纲》《教育学十讲》等文本，黄济先生关于劳动教育的论述主要聚焦于以下五个方面。

（一）教育起源于劳动

黄济先生对劳动与教育关系的一个重要理解，就是主张"劳动创造了人类，教育也在劳动的过程中产生"[①]。在 1963 年完成的《教育学讲授提纲》第 2 部分（《教育的本质》）中黄济先生详细论述了教育的"劳动起源说"。其主要论据在于两个维度：第一，劳动让古猿进化为人，从而创造了教育赖以产生的前提——"由于劳动，猿的机体才进化成为人的机体，作为劳动器官的手，作为思维器官

的大脑和作为交际工具的语言，都是在劳动过程中产生和得到进一步发展，这些都是作为社会现象的教育产生的必要前提条件。"[②]第二，劳动中产生的对于劳动经验传递的需要，直接促进了教育的产生。"原始的人类在劳动过程中学会使用工具和制造工具……这些劳动经验，需要传授和学习，这种传授和学习的过程，就是原始的教育的产生，所以教育是劳动的产物。"[③]

黄济先生对于教育的"劳动起源说"的坚持，在由其领衔主编的、有着广泛影响的《小学教育学》教科书中也得到延续和强化。《小学教育学》第一章《教育》由他亲自撰写，在介绍、比较教育的"生物起源说""心理起源说"之后，黄济先生认为"劳动起源说""是

[①]　黄济：《历史经验与教育改革》，227 页，北京，人民教育出版社，2004。

[②]　黄济：《历史经验与教育改革》，227 页，北京，人民教育出版社，2004。

[③]　黄济：《历史经验与教育改革》，227 ～ 228 页，北京，人民教育出版社，2004。

在批判生物起源说和心理起源说的基础上，在马克思主义唯物史观指导下形成的。苏联和我国的教育学者大都持这一观点。"并进一步说明："在原始的教育中，传递生产劳动经验虽不是全部，但仍属教育活动的主要内容。这不仅因为生产劳动是制约其他社会活动的决定因素，而且如语言与交往等的发展也与生产劳动有着密切的关系。"①

以上有关教育起源于劳动的论述，表面看来似乎不是关于劳动教育的直接论述。但劳动创造历史、劳动创造人本身，无疑是马克思主义唯物史观、劳动价值观最重要的命题之一；且黄济先生诸多劳动教育思想都与劳动创造历史、劳动创造人本身、教育起源于劳动等命题有着内在的关联，故上述对劳动与教育关系的理解至少可以视为黄济劳动教育

———————

① 黄济、劳凯声、檀传宝：《小学教育学》，10页，北京，人民教育出版社，2008。

诸多论述的理论基础之一。

（二）劳动教育是大生产及社会主义建设的需要

和许多同时代中国教育学者一样，黄济对于劳动教育的论述是与其对"教育与生产劳动相结合"或培育"全面发展的人"这一马克思主义教育经典命题的阐释直接关联的。

黄济一方面认为"在教育中实行不实行教劳结合，是社会主义教育与历史上奴隶社会、封建社会的剥削阶级教育的基本区分点"，但同时他又认为"将生产劳动教育提上日程，是在资本主义大生产发展出现之后"，"把大工业生产劳动与教育结合起来，不仅是提高生产的方法，而且是培养全面发展的人的唯一方法。这种生产劳动教育，就是马克思所说的综合技术教育，它包括了掌握现代生产的基本原理和使用简单生产工具的技

能"。[1] 这些论述既强调了自觉实行教劳结合所体现的社会主义教育性质，也兼顾了大生产（资本主义、社会主义都有）对于教劳结合原则的决定性意义。

"十月革命"之后，教劳结合的教育原则及马克思设想的"综合技术教育"很快成为苏联的教育政策实践。因此，黄济认为"教劳结合是马克思列宁主义教育思想中的一项基本内容，它是实现体脑结合和最后走向体脑差别消灭的重要途径。"[2] 中国共产党领导的革命根据地建设以及新中国成立后的教育实践，也都确立并贯彻了教劳结合的原则，并特别强调了"知识分子与工农结合"的政治方针。比如延安时期知识分子参加生产劳动就"既解决了老解放区'生产自救'和'自己动手，

丰衣足食'的问题，更解决了知识分子走与工农相结合的道路问题，真正做到了使'劳动者知识化，知识分子劳动化'的'两化'的要求。"因此，"我国所实行的劳动教育，既有从事生产劳动的要求，又有思想教育的任务在内。"[3] "教育与生产劳动结合，是理论与实际结合，脑力劳动与体力劳动结合，知识分子与工农群众结合的重要途径。"[4]

（三）劳动教育应当重视继承我国道德教育传统

黄济先生不仅认为"我国所实行的劳动教育，既有从事生产劳动的要求，又有思想教育的任务在内"，而且还明确提出要"发扬我

---

[1] 黄济：《历史经验与教育改革》，107 页，北京，人民教育出版社，2004。

[2] 黄济：《历史经验与教育改革》，107 ～ 108 页，北京，人民教育出版社，2004。

[3] 黄济：《历史经验与教育改革》，108 页，北京，人民教育出版社，2004。

[4] 黄济：《历史经验与教育改革》，402 页，北京，人民教育出版社，2004。

国在劳动教育中的道德教育传统"。①

　　他认为，"爱劳动"的要求"不仅对提高全国国民的公德②是必要的，对于青少年一代来说更有其现实的重要意义。为此，在基础教育中，应当从小学生的自我服务做起，到参加家务劳动和学校及社会的公益劳动以至生产劳动，培养学生正确的劳动观点，养成劳动习惯，培养学生艰苦朴素的生活作风，增强学生为集体服务的社会责任感；同时在参加生产技术劳动中，注意培养学生为社会创造财富的爱国主义思想和情感，把生产技术教育与劳动中的道德教育结合起来"。他还特别强调，"以劳动中的道德教育取代生产技术教育，这不是马克思体脑结合的现代生产劳动的观点；相反的，只重视生产技术教育，而排斥生产劳动中可能进行的道德教育，也是一种执一而排他的片面观点。"③

　　以上论述中黄济先生所说的"我国在劳动教育中的道德教育传统"，无疑主要是指新中国成立以来的劳动教育传统。但考虑到黄济先生国学功底深厚，曾经多次书写"一曰勤，二曰俭，三曰不敢为天下先"以为座右铭④等因素，我们也可以"观其所由"而"明其奥义"地合理推论：在其思想深处，"我国在劳动教育中的道德教育传统"其实也包括了我国古代教育强调勤劳节俭、通过劳动修养德性等德育传统⑤。

---

　　①　黄济：《历史经验与教育改革》，108 页，北京，人民教育出版社，2004。
　　②　1949 年 9 月通过的《中国人民政治协商会议共同纲领》第 42 条提出："提倡爱祖国、爱人民、爱劳动、爱科学、爱护公共财物为中华人民共和国全体国民的公德。"
　　③　黄济：《历史经验与教育改革》，109 页，北京，人民教育出版社，2004。
　　④　檀传宝：《黄济先生的俭德》，载《中国教师》，2015（1）。
　　⑤　于超、于建福：《五育并举　知行合一——黄济先生劳动教育思想的精神特质》，载《教育研究》，2020（8）。

（四）劳动教育应当增加现代科技因素

由于我国劳动教育思想直接源于"教劳结合""体脑结合""全面发展"等马克思主义教育主张，所以劳育与智育（更广一些的理解就是精神的发育）的联系就是理所当然的了。故强调劳动教育应当增加现代科技因素，也就自然成了黄济先生劳动教育论述的一个重要方面。

黄济先生认为，既然现代大生产是马克思主义教劳结合、劳动教育思想的社会基础，劳动教育与现代科技的结合就是一种历史的必然。所以"在劳动教育中，应当首先是进行生产技术教育，而且是与大生产相结合的生产技术教育，这才符合马克思主义有关教劳结合的思想。"即便是"学农"，也应当"尽量地增加劳动中的科学知识因素，如在农业生产中，加强土壤的检定，良种的培育，化肥的有效施用……"[1]

与此同时，黄济认为，学生参加生产劳动可以大大提高学习质量，具有十分重要的智育意义。"因为在劳动中，理论和实际结合起来了，知识领域扩大了，感性知识丰富了，亲身体验增多了，就有助于进一步明确学习目的，提高学习的自觉性和更好地理解和巩固课堂所学的理论知识，并培养了他们的独立思考能力和独立工作能力……同时，由于脑力劳动和体力劳动相结合，二者能得到调节，互相补益，就能提高大脑的工作能力，学习精力就会更加旺盛。"[2] 我们完全可以说，强调劳动教育与德育、智育的有机结合是黄济劳动教育思想的重要特征之一。

（五）劳动教育是劳动与教育的有机结合

劳动教育不是劳动本身，学生参加生产劳

[1] 黄济：《历史经验与教育改革》，108页，北京，人民教育出版社，2004。

[2] 黄济：《历史经验与教育改革》，402～403页，北京，人民教育出版社，2004。

动（接受劳动教育）不同于工农业生产劳动本身，是黄济劳动教育思想最为精彩的观点之一。黄济指出："在劳动中，要注意培养学生对生产负责的观点，要求他们认真完成生产任务。""生产劳动的思想教育作用，也在于它能创造物质财富，注意创造价值的劳动才能成为教育的因素。"但是"必须明确，学校是教育机关，不是生产单位；学生参加生产劳动的主要目的，是为了受到教育和锻炼，不是为了获得经济收益。"也就是说，学校不等于工厂，劳动教育也就不能被理解为纯粹的经济活动。①

劳动教育不等于生产劳动本身，生产劳动也不直接等同于劳动教育。黄济先生特别指出："生产劳动中的思想教育不是自发产生的……劳动如果没有与之相伴随的教育，就不可能达到应有的教育作用，甚至可能会成为

一种单纯消耗体力的过程。"他还特别提醒教育工作者要特别注意在劳动中帮助学生克服"好逸恶劳、轻视体力劳动和体力劳动者的思想"。②

劳动教育是劳动与教育的有机结合，还有一个十分重要的实践意涵，即"科学基础知识的教学和生产劳动都有它自身的体系，二者的互相结合应该是有机的，不能破坏各自的独立体系。如果片面强调教学应该完全服从生产劳动的需要……因而破坏学科知识的系统性，降低了学生的基础知识水平，当然是不正确的。相反的如果片面强调生产劳动应该完全服从教学的需要，认为凡是不能结合教学的生产劳动就不搞，把生产劳动仅仅看成联系教学，获得知识的手段，而忽视它的教育

---

① 黄济：《历史经验与教育改革》，403～405页，北京，人民教育出版社，2004。

② 黄济：《历史经验与教育改革》，404页，北京，人民教育出版社，2004。

意义，当然也是不正确的。"①

三、黄济劳动教育思想的当下意义

若超越《教育学讲授提纲》和《教育学十讲》两个文本，仔细思索我们不难发现，自 20 世纪 50 年代起，黄济先生对于劳动教育的历史之思、专业之辨实际上跨越了半个世纪。故毋庸讳言，今天当我们重新阅读黄济先生有关论述时，不免会感受到其劳动教育论述在思想内容及论述方式上的某些时代印记，也包括某些局限性。比如，黄济先生的"劳动"概念，对工农为主体的劳动者、工农业劳动为主体的劳动形态的关注是较多的。在高科技、脑力劳动作用越来越明确，我国第三产业（服务业，而非传统的工业、农业）

占比已经超过 50% 的情况下，先生的一些论述显然已需要做与时俱进的理解了。此外，劳动教育虽然重要，但在逻辑层次上也的确不应与德、智、体、美"四育"做一个层面的并列，2005 年瞿葆奎教授与黄济先生关于劳动教育的那场著名的理论对话，或可视为关于后一局限性讨论最为生动的学术文献之一②。

但是另一方面，若能耐心下来向先生学习、与先生对话，我们又不难发现：时间的尘土根本无法掩盖黄济劳动教育思想的光彩。黄济先生关于劳动教育的"历史之思""专业之辨"对于我们当下劳动教育的理论建设及实践开展都有极为重要的指导意义。

---

① 黄济：《历史经验与教育改革》，406 页，北京，人民教育出版社，2004。

② 瞿葆奎：《劳动教育应与体育、智育、德育、美育并列？——答黄济教授》，载《华东师范大学学报（教育科学版）》，2005（3）。

（一）如何看待劳动教育的重要意义

2018 年全国教育工作会议以来，劳动教育广受瞩目。但是教育工作千头万绪，在教育实践中，劳动教育极有可能变成学校若干事务性工作之一。因此，教育工作者如何真诚看待劳动教育的重要意义，就成为一个极具现实意义的课题。

从黄济先生的有关论述中不难看出，劳动教育不仅仅是一个全部教育工作的一项具体事务，而且是当代教育适应现代大生产的规律性要求、贯彻教劳结合等社会主义教育原则的重要体现。劳动教育既是实现人的全面发展的必由之路，也是实现体脑结合、知识分子与工农结合、"培养学生正确的劳动观点，养成劳动习惯，培养学生艰苦朴素的生活作风，增强学生为集体服务的社会责任感"等"劳动中的道德教育"的重要途径。黄济先生的劳动教育思想对于我们准确把握劳动教育之于立德树人根本任务的重要意义极具启发性。

（二）如何理解劳动教育的目标与内容

劳动教育本是大生产的要求，是教劳结合原则的落实。因此，劳动教育包括但从来就不简单等同于体力劳动的锻炼。"在劳动教育中，应当首先是进行生产技术教育，而且是与大生产相结合的生产技术教育，这才符合马克思主义有关教劳结合的思想。"[①] 在当下高科技作用越来越明显、脑力劳动的重要性前所未有地凸显的情况下，黄济先生的这一"老"论述对于纠正今天许多人仍然坚持将劳动教育简单等同于"动动手、流流汗"这样的片面认识是一个崭新而重要的提醒。

"以劳动中的道德教育取代生产技术教

---

① 黄济：《历史经济与教育改革》，108 页，北京，人民教育出版社，2004。

育，这不是马克思体脑结合的现代生产劳动的观点；相反的，只重视生产技术教育，而排斥生产劳动中可能进行的道德教育，也是一种执一而排他的片面观点。"① 黄济先生关于劳动教育中生产技术教育与道德教育关系的辩证理解，对于防止将劳动教育等同于技术教育或者将劳动教育等同于德育的错误认知，也有重要的现实意义。

（三）如何合理开展劳动教育的实践

如何理解劳动教育的目标与内容，已经在讨论劳动教育实践的合理展开。除此以外，黄济先生特别提醒的"必须明确，学校是教育机关，不是生产单位；学生参加生产劳动的主要目的，是为了受到教育和锻炼，不是为

了获得经济收益。""劳动如果没有与之相伴随的教育，就不可能达到应有的教育作用，甚至可能会成为一种单纯消耗体力的过程。"这就很好地处理了劳动与教育的辩证关系。这些论述大大有助于我们防止"有劳动无教育""有教育无劳动"等错误的理论思维与实践倾向。

而"科学基础知识的教学和生产劳动都有它自身的体系，二者的互相结合应该是有机的"等论述，也对当前劳动教育的开展有重要启发。虽然"有机"结合的实现并不容易，但是智育与劳动教育有机结合的重要性却是毋庸置疑的。因为唯有这一有机结合的顺利实现，才能使得科学知识的学习获得真实的社会、生活意义，也唯有这一有机结合的真正实现，劳动教育也才可能在各科课程实施中获得因势利导开展的巨大可能性。

黄济先生已于 2015 年辞世，先生关于劳

---

① 黄济：《历史经济与教育改革》，109 页，北京，人民教育出版社，2004。

动教育的主要论述已经成为当代中国教育思想的历史文本。而本文对于这些文本的解读与分析，也已经成为对先生劳动教育的"历史之思""专业之辨"的一种特别的思想传承了。继往开来，由衷希望黄济先生的劳动教育思想能对中国劳动教育理论与实践的后来者有所裨益。

2021 年 7 月 28 日，于京皖往返途中。
2021 年 8 月 1 日改定。

图书在版编目（CIP）数据

先生之德风 / 檀传宝著.—北京：北京师范大学出版社，2022.10（2023.9重印）
ISBN 978-7-303-28087-2

Ⅰ.①先… Ⅱ.①檀… Ⅲ.①教育 – 文集 Ⅳ.①G4-53

中国版本图书馆 CIP 数据核字 (2022) 第 140066 号

教 材 意 见 反 馈　　gaozhifk@bnupg.com　010-58805079
营 销 中 心 电 话　　010-58802755　58800035
北师大出版社教师教育分社微信公众号　　京师教师教育

XIANSHENG ZHI DEFENG
出版发行：北京师范大学出版社　www.bnupg.com
　　　　　北京市西城区新街口外大街 12-3 号
　　　　　邮政编码：100088
印　　刷：北京盛通印刷股份有限公司
经　　销：全国新华书店
开　　本：787 mm × 1092 mm　1/16
印　　张：10.25
字　　数：121 千字
版　　次：2022 年 10 月第 1 版
印　　次：2023 年 9 月第 5 次印刷
定　　价：70.00 元

策划编辑：郭兴举　鲍红玉　　责任编辑：何　琳　伊师孟　冯谦益
美术编辑：陈　涛　焦　丽　　装帧设计：陈　涛　焦　丽
责任校对：康　悦　　　　　　责任印制：马　洁　赵　龙